广东省博物馆陈列展览精品集 二

第三届 2019 年～2020 年　第四届 2021 年～2022 年

深圳博物馆　编

文物出版社

广东省博物馆协会
GUANGDONG PROVINCIAL
MUSEUMS ASSOCIATION

图书在版编目（CIP）数据

广东省博物馆陈列展览精品集. 二 / 深圳博物馆编.

北京 : 文物出版社, 2024. 11. -- ISBN 978-7-5010
-8575-0

Ⅰ. G265-64

中国国家版本馆CIP数据核字第2024PV3926号

编辑委员会

主　　任: 杜　鹃

副 主 任: 王　彪　林华煊　刘　丹　黎亦淮

主　　编: 杜　鹃

执行主编: 刘　琨　吴翠明

编　　辑: 江佩淳　冯思瑜　张　晨

**广东省博物馆陈列展览精品集 **

编　　者: 深圳博物馆

责任编辑: 张朔婷

责任印制: 张丽

出版发行: 文物出版社

社　　址: 北京市东城区东直门内北小街 2 号楼

邮　　编: 100007

网　　址: http://www.wenwu.com

邮　　箱: wenwu1957@126.com

经　　销: 新华书店

印　　刷: 雅昌文化（集团）有限公司

开　　本: 889mm × 1194mm　1/16

印　　张: 16

版　　次: 2024 年 11 月第 1 版

印　　次: 2024 年 11 月第 1 次印刷

书　　号: ISBN 978-7-5010-8575-0

定　　价: 268.00 元

序

　　陈列展览作为博物馆最主要的功能体现，既是博物馆最重要的功能之一，也是公众对博物馆的关注热点。广东省博物馆协会陈列展览专委会自 2016 年成立以来，为广东省博物馆的陈列展览水平不断提高做了大量有益的工作：组织举办粤港澳博物馆陈列展览培训班，每两年的广东省博物馆陈列展览精品评选，精品展览的线上线下策展人分享会，陈列展览的专家解析研讨会等等。并且已经将第一届与第二届的展览精品结集出版，得到了业内人士的好评，对博物馆的策展有着很好的学习和借鉴作用。

　　此次，展陈专委会再次将第三届与第四届评选出的展览精品，遴选典型的优秀案例结集成册。本精品集的展览类型丰富多样，策展内容和方式有创意有亮点，犹如一扇展现广东省丰富文化宝藏的窗口，充分满足了大众多方面的文化需求。

　　从"风·尚——18 至 20 世纪中国外销扇"展览，我们领略到独特的外销艺术风格与中外商贸历史；"匠心神巧——广作特展"呈现了广作家具的精湛传统技艺；"东南多胜事——雷峰塔与吴越国佛教艺术展"带来了深厚的宗教艺术魅力；而关注时代热点的"积健为雄——近代广州的卫生治理"展览，看到了人类卫生健康的进步；"百粤冠祠——陈家祠及岭南建筑装饰艺术"以其亮点与特色立体呈现岭南文化与艺术；珠海博物馆的历史展览展现了珠海的历史变迁与城市品位；"广州 1949"展览，见证了新中国与广州解放的重要历史时刻；"古虞名郡　风度韶州"展览讲述韶关历史悠远与回响；"领异标新——清代扬州画派精品展"荟萃了近代中国画重要流派的作品；"只此绚丽——广州出土汉代珠饰展"探讨了提升展览影响力的策略；"七海扬帆——唐宋时期的广州与海上丝绸之路"展现了广州在海上丝绸之路中的重要地位；"读懂广州"系列文物展以百件文物解读广州作为"一带一路"重要节点城市的历史故事。众多展览精彩纷呈，各具特色，不一而足。

　　特别值得一提的是，广东省博物馆为庆祝中国共产党成立 100 周年的"红色热土　不朽丰碑"展览，以高科技手段活化利用文物资源，创新传播形式。而深圳博物馆的"向海之旅——重返海洋的爬行动物"是为数不多的自然科学类展览，兼具科学性与趣味性，对大众科普有着非常重要的意义。

总之，这本精品集汇聚了广东省博物馆人的智慧与成果，是对岭南文化的一次精彩呈现，期待读者能从中汲取知识与灵感，深刻感受博物馆展览的无穷魅力。

广东省博物馆协会理事长　陈邵峰

前　言

　　粤之文博资源丰厚，历史悠久，唯百年博苑有二。全粤共计 385 家，综合、行业、专题各类皆有，举国第四，其三级以上者，82 家，稳居第二。展陈数量年增，2022 年举粤设基本陈列 1095 个，设临时展览 1645 个；2023 年，设基本陈列 1045 个，临时展览 2089 个。粤之展陈变化与文博事业发展同频共振，然道远且阻，乱象丛生、良莠不齐。各博苑躬身入局，门户洞开，推陈出新，广纳社会资源，展陈讲述方式由学科式向故事表述式演进，形式设计从橱窗陈列向多元方式转化，扩展其影响力。

　　精品推介（广东省博物馆陈列展览精品推介活动的简称）无中有之，二载一期，经八年四届，累近百展入评。魁者半数[1]，欣欣然，济济然。逢评之时，兄弟馆院云集而至，或高谈地域之文化，或着眼于微专之选题，或示展陈出新之处，或诠展览运营之精妙。精彩纷呈，举粤共享，乃文博交流学习之盛会。他省闻声而至，取经以为圭臬，希弥补其省评审之不足。

　　顾经年之评审，秉持公心、方言矩行、引重致远，唯初心不忘。初心者，以评促建尔。

　　古云无规矩，不成方圆。评审要义乃规范展览标准，定性、定量铢两悉称。因地域差异，粤之博苑发展失衡，然各馆唯标准而谋划，渐成气候，国有、行业与非国有馆院勉力策划，皆跻身魁列。举粤展览渐以规范践行，甚喜。故近年于国之精品推介，多所斩获，且热展登榜频频，赖以墨绳中规为展览之功，深入人心。

　　展为学术之表，以展培才，唯愿尔。借评审之隙，创交流契机，搭运转平台，聘业界专家，希开阔眼界，培植新人。沉两届精华，集结成册，详策划之所思、筹措之艰难、宣教之活化、文旅之融合，阐实践之经验、模式之创新、学术之积累，启迪他者。

　　经八年四届，不忘初心，以"评"为桥，构建评价体系，培植人才，夯实业务，以"达远"为己任，促精品推介良性发展，久久为功。

广东省博物馆协会博物馆陈列艺术专业委员会主任　杜鹃

---

1. 累计有 93 个展览入选终评，51 个展览获奖，其中包括精品奖 37 个、单项奖 14 个，相关奖项均在当年国际博物馆日广东主会场颁发。

目 录

"第三届广东省博物馆陈列展览精品奖"获奖展览

002　"风·尚——18 至 20 世纪中国外销扇"展览解析 / 广东省博物馆

016　"匠心神巧——广作特展"的策划与实施 / 广州博物馆

029　东南多胜事——雷峰塔与吴越国佛教艺术展 / 深圳博物馆

042　关注时代热点，做有温度的展览——"积健为雄——近代广州的卫生治理"展览解析 / 辛亥革命纪念馆

055　立体呈现历史与艺术，讲好保护与传承故事《百粤冠祠——陈家祠及岭南建筑装饰艺术》的亮点与特色 / 广东民间工艺博物馆

069　展示珠海历史　提升城市品位——珠海博物馆展览赏析 / 珠海博物馆

082　《银银生辉　烁烁其华——19 至 20 世纪中叶银器精品展》策展思路 / 鸦片战争博物馆

096　广州 1949——庆祝中华人民共和国成立暨广州解放 70 周年展 / 广东革命历史博物馆

107　古虞名郡　风度韶州——韶关古代历史文化陈列 / 韶关市博物馆

118　立足本土，放眼全局——以"领异标新——清代扬州画派精品展"为例 / 广州艺术博物院（广州美术馆）

"第四届广东省博物馆陈列展览精品奖"获奖展览

129 创新传播形式　活化文物资源——以"红色热土　不朽丰碑"展览为例 / 广东省博物馆

139 守正创新，擦亮中共三大红色文化品牌——"中国共产党第三次全国代表大会历史陈列"的策划与实施 / 中共三大会址纪念馆

151 向海之旅——重返海洋的爬行动物 / 深圳博物馆

166 传承传统艺文　品味珠海魅力 / 珠海博物馆

177 "加强宣教合作，优化巡展设计"提升展览影响力的策略探讨——以"只此绚丽——广州出土汉代珠饰展"为例 / 广州市文物考古研究院 [南汉二陵博物馆、海上丝绸之路（广州）文化遗产保护管理研究中心]

189 "容"归故里 · "容庚与东莞"主题展览：系统立体解读容庚的学术人生 / 东莞市可园博物馆

200 "四海通达——海上丝绸之路（中国段）文物联展"展览手记 / 南越王博物院

212 丰富多彩、独具特色的岭南优秀传统工艺——《岭南民间百艺》常设陈列 / 广东民间工艺博物馆

224 "读懂广州"系列文物展：百件文物读广州 / 广州博物馆

237 七海扬帆——唐宋时期的广州与海上丝绸之路 / 广州海事博物馆

"风·尚——18 至 20 世纪中国外销扇"展览解析

2018 年 12 月 18 日至 2019 年 5 月 5 日，广东省博物馆年度原创大展"风·尚——18 至 20 世纪中国外销扇"（图 1）在广东省博物馆三楼展厅三华丽展出。展览展厅面积 1100 平方米，展线长度 240 米，展品数量 163 件 / 套，时间跨越两个多世纪。这些展品凝聚着中国工匠的精湛技

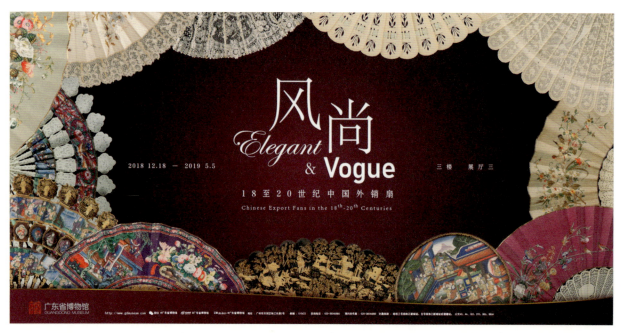

图 1 展览海报

艺，也体现着西方社会当时的审美意趣，它们曾经惊艳了整个世界，在世界掀起了崇尚"中国风"的时尚热潮。本次展览成功举办得到了来自中国扇博物馆、广东民间工艺博物馆、广州十三行博物馆、广州迪士普音响博物馆等多家文物收藏单位的大力支持与协助。

一、选题策划

文明因交流而精彩，文明因互鉴而丰富，文明交流互鉴是推动人类文明进步和世界和平发展的重要动力。如何坚定文化自信，把握时代脉搏，以精品奉献人民，用明德引领风尚，是我们立足本馆藏品，策划"风·尚——18 至 20 世纪中国外销扇"展览的缘起。

清代外销装饰艺术品是广东省博物馆收藏体系中的一大特色。这类藏品是中国工匠精神的代表，它们精工巧做，独具匠心；这类藏品也是丝路帆远，贸易繁盛的见证；这类藏品更是东西相遇，文化交流互鉴的产物，因此收藏、研究、展示海上丝绸之路的遗迹遗物便成为广东省博物馆重要的展览策略之一。围绕着这一展览策略，广东省博物馆举办过以"异趣·同辉"为主题的清代外销装饰艺术品综合展示，也相继举办过广彩、广珐琅、广作家具等专题展示。外销扇作为清代外销装饰艺术品的一个重要类别，自然也水到渠成地成为广东省博物馆展览策略之下的又一个专题成果展示。

该展览也是广东省博物馆践行"学术粤博"发展战略的一项亮眼成果，是广东省博物馆"外销艺术品研究中心"在构建学术研究平台、做强优势研究领域方面的重要探索和实践。为做好展览前期基础性研究，策展人先后承担了两项与之相关的学术课题，分别是 2014 年广州市非物质文化遗产志课题《檀香扇》和 2016 年广东省博物馆馆级课题《广州外销扇研究》，并多次前往海外收集整理与外销扇相关的文献、文物，围绕着檀香扇、外销扇、骨扇、帽章扇等专题公开发表了一系列研究性学术文章，为未来展览策划的开展夯实了研究基础。

二、内容设计

在四年的展览筹备过程中，作为地缘相近、藏品征集方向相近的广东省内的多家博物馆结合自身的藏品，先后推出了"外销扇"专题展览。如：2015 年 1 月，深圳博物馆举办"制扇至美——清代外销扇精品展"；2015 年 10 月，广东民间工艺博物馆举办"风从广州来——馆藏 18 至 19 世纪外销成扇精品展"；2016 年 12 月东莞海战博物馆举办"风从这边来——清代外销扇精品展"；2017 年 12 月广东民间工艺博物馆再次举办"扇子上的东方与西方——18 至 19 世纪的中西成扇展"等等。面对林林总总主题相近的展览，策展团队既有压力也有动力，一方面策展团队认真学习借鉴上述展览展示的方法特色，另一方面积极思考如何在前期扎实的基础研究之上，结合本馆藏品的优势，从一个新的视角组织策划展览的故事线，打破观众固有的思维定式，带给观众一种全新的观展体验，让博物馆人和博物馆观众通过展览的媒介达到共情和共鸣的目的。

清代外销扇是中国工匠应海外市场需求而生产制作的，它们是中西贸易与文化交流互鉴的产物，体现着中国精益求精的"工匠精神"，精工巧做、精致华美的清代外销扇曾经惊艳了世界，在世界扇动起"中国风"的时尚热潮。因此策展人把展览目标设定为"展现工匠精神，坚定文化自信，弘扬民族自豪感"，希望通过这个展览，"文化自信""民族自豪感"对观众而言不再是形而上的口号，而是切实的观展体会和感悟。

在梳理世界扇子发展史的过程中，策展人认识到不单单中国是制扇大国，制扇历史悠久，在世界范围内，扇子在非洲、欧洲、中亚等地区同样都拥有悠久的发展历史。无论中外，早期扇子的象征意义要远远大于实用意义，即扇子最初都是身份、地位、礼仪的象征。中世纪以来，欧洲制作扇子的选材极为考究，黄金、珠宝、象牙、玳瑁、珍珠母贝等等奢华材质均是制作扇子的上等材料。扇子对于欧洲女性而言，就如同佩戴名贵的珠宝首饰，既是社会地位和身份财富的象征，也是服装时尚、社会礼仪的一部分。受此灵感启发，本次展览改变了过往展览从生产者的视角对外销扇的类型、材质、工艺等方面去铺陈展示，而是从欧洲女性消费者

的视角，围绕着外销扇被订购、被拥有、被欣赏、被比较的故事线展开叙述。基于西方女性对扇子赋予的特殊社会内涵，策展人将策展理念升华为"女性·优雅·时尚·礼仪"，并将这一策展理念贯穿于整个展览的内容策划、形式设计、教育推广、文创开发等各项工作之中。

展览围绕着"东西相遇""艳惊西方""香扇物语""扇艺纷呈"的故事线，用展品去营造叙事情境，帮助观众直观形象地理解在特定情境下展品被赋予的新的内涵，进而观众能够对展品诠释的主题形成认知，从而达到博物馆人与博物馆观众之间的共情，以实现展览传播的目的。

序厅以时间轴的方式，图文并茂地将世界和中国的扇子置于同一坐标系内进行梳理比对（图2），让观众对扇子的历史有一个宏观的了解。这份图表是策展团队在穷尽中外史料与文献基础上梳理而成，具有一定的原创性和创新性。

第一部分"东西相遇"（图3），讲述的是在海洋贸易全球化的时代背景下，远洋来华的西方商人在专营广州外销扇的店铺内订购外销扇的贸易景象。为了突出这一主题，在这一部分中选取的展品都是带有扇铺商标的扇盒和扇子进行组合展示，观众通过扇盒上的商标可以对外销扇店铺的地址、经营范畴、经营者和其生产销售的扇子有形象直观的了解。

第二部分"艳惊西方"（图4），讲述中国外销扇销往到欧美市场后备受青睐，宫廷贵妇们都竞

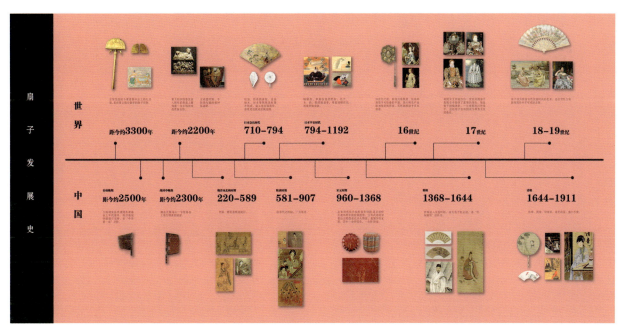

图 2 "扇子发展史"时间轴

图 3 第一部分"东西相遇"

相以拥有一柄精致华美、充满异国情调的中国外销扇作为最新时尚。中国外销扇成为欧美名媛淑女服饰装扮的必备之物，是女性时尚优雅、身份礼仪的重要代言。因此这一部分的展品除了挑选外销扇中的精品之外，还辅助以欧式礼服、外销披肩、外销首饰，以及欧洲沙龙、舞会等等社交场景画面，用以展现中国外销扇在西方社会被赋予的社会内涵和文化特质。

第三部分"香扇物语"（图5），通过对外销扇画面题材的解读，让观众感受到东西方之间不同的审美趣味以及外销扇在不同时期流行的风格元素特征。这种叙事语境下的展品组合要比常规的按类型、按材质、按工艺进行分类的展品组合难度大很多，因为这既需要策展人对每一件展品细节了如指掌，也需要对展品图像学有系统的归纳整理。展览按照草木花香、亭台楼榭、珍禽瑞兽、港口风光、人物故事、纹章定制等图像主题进行展品组合，并对不同时期外销扇流行的不同风格特征进行并置展示。

第四部分"扇艺纷呈"（图6），通过对比展

图4　第二部分"艳惊西方"

图 5 第三部分"香扇物语"

图 6 第四部分"扇艺纷呈"

示中国外销扇、中国传统扇、欧洲扇和欧洲"中国风"扇,以此来比较鉴别中西方制扇工艺的不同特色,进而感悟外销扇是文化交流的使者,是东西方文化交流互鉴的产物。

图 7　展标设计

图 8　部首设计

三、形式设计

　　围绕"女性·优雅·时尚·礼仪"这一策展理念，展览的形式设计充分吸取借鉴时尚展的情境体验模式。"时尚策展即是创造可被理解的情境的实践"，"是运用时尚语汇和形象修辞来构建一套在展览主题的统摄下充分诠释和展现时尚的美学知识体系"。[1]

---

1. 芦影：《时尚策展的叙事策略与情境体验》，《艺术设计研究》2019 年第 3 期。

　　情境体验既包括丰富多彩的视觉体验，也包括新颖交互的互动体验。因此展览在形式设计上，将传统和现代重新糅合，采用后现代的设计手法，以主题式的展示方式，重新唤醒展品的艺术价值，从而达到了内容与形式高度统一。

　　在艺术表现上，靓丽时尚的空间色彩是本次展览的一大特色（图 7），时尚的淡紫、粉红、薄荷绿，运用几何切割的方式配搭优雅高贵的黑色和深紫，再赋予奢华的金色勾勒点睛，营造优雅与时尚的观展氛围（图 8）。

　　在设计手法上，通过灵活多样的情境渲染完美诠释展品内涵。在"东西相遇"的情境中，设计师以清代十三行商业街铺为设计概念，把展柜设计成外销扇铺，把扇盒上的商标运用现代广告灯箱的效果予以呈现，观众犹如穿梭于繁华的商业街景之中。"艳惊西方"，则以宫廷聚会为主题，运用文物加场景的组合方式，演绎扇子在欧洲社交场合的独特魅力（图 9）；"香扇物语"，设计师以印有花鸟图案的灯箱做墙，以建筑上的斗拱、罗马柱做台，以船舱造型的展柜做窗（图10）等等多种不同的艺术表现形式，既突显了展品的精致时尚，又对展品起到了很好的诠释效果。"扇艺纷呈"，运用工作坊的概念做设计，突出展示展品的匠心独运和工匠精神。

在空间设计上，修长错落的商业街铺，圆形开阔的舞台式聚会场所，张弛有度的空间节奏为观众带来丰富的情境式空间体验。为增强代入感，

展厅播放优雅的圆舞曲作为背景音乐，观展氛围既时尚又惬意。

灯光氛围的营造对于情境式体验也是不可或缺的一个环节。好的灯光氛围不但可以起到烘托展品的效果，还可以成为一种主动的表达，一种光的语言。因此在灯光设计上，设计师注重艺术性、舒适性与美观性。在环境用光上，使用高显指led射灯将空间立面均匀打亮，并用灯槽为空间提供间接

图9 "艳惊西方"展厅实景

图10 船舱造型展柜

照明，柔和地提高空间照度，增加空间的视觉层次。在展品用光上，使用点光源的布光方式，灯具选择兼顾实用性与美观性，灵活地根据展品精准布光。

在辅助展品的选择上，为更好地烘托展品，遵循适度原则，运用辅助展品与文物展品有机组合的方式，浸入式地营造外销扇使用的宫廷聚会空间。扇语互动区，通过洛可可风格的壁纸、镜子、桌椅与扇子营造欧洲室内氛围，观众通过图板及视频提示，可以自由地演绎扇语的内涵。

在施工制作方面，展览制作注重品质和细节，彰显设计追求的精致优雅时尚的特质。根据展品两面观看的特点，展柜设计成独立柜形式，展座积木选取展品元素设计制作。为凸显展品的精致精巧，每一件展品都量身定制了亚克力展架，尺寸区别甚至细微至1毫米（图11、12）。展台展板高度也充分考虑了人体工学要素，说明牌以45度角放置，以细节决定成败为宗旨，为观众营造舒适的观展体验。

四、教育活动

博物馆的展览是以教育为目的的，观众能否理解展览所传达的内容是所有教育活动的出发点。为了拓展展览信息，深入浅出地诠释外销扇相关知识，在场景还原中提升观众体验，帮助观众对展览有更深入的理解，展厅中特别设置了展览互动体验区。为了让观众在观展的同时能够参与到展览的交互中，在展厅中设置一个场景式互动区域，内设欧式风格桌椅等陈设，让观众在场景还原中有身临其境之感。观众可以在此空间阅读展览图录，也可在此合影留念（图13）。此外，"扇语"图板旁悬挂一面欧式镜子，并提供折扇，观众还可以执扇对镜学习"扇语"，并拍照留念。在展厅出口墙面上设计一面磁铁墙，内有磁质扇形图案，观众可自由选择磁铁字母进行组合，贴在扇形图案中间，为自己定制一把专属的"扇"，该互动区域旨在向观众生动诠释外销扇中"纹章定制"的内涵。

图11 团扇展具设计

图12 折扇展具设计

图 13 观众互动休息区

图 14 "FAN 起涟漪——外销扇戏剧工作坊"海报

本次展览的教育活动，围绕策展理念，针对不同年龄群体，量身定制了不同类型的教育活动。针对成年人群体，推出"FAN 起涟漪——外销扇戏剧工作坊"（图14），演绎欧洲女性运用扇语传情、扇语达意的历史内涵。活动充分利用展厅的情境化场景，结合扇语这门社交语言，让展厅成为活动的舞台，展品成为活动的道具，切实地做到让展览活起来，让展品会说话。

针对青少年群体，设计开发了"扇文化"系列工作坊，通过戏中扇、诗中扇、画中扇三类不同的艺术形式，加深青少年对中西扇文化异同的理解和认识。尤其是"扇中天地，功在传神——粤剧中的扇"活动中，为生动解读粤剧中的扇，让大小朋友们对中西扇文化有更深的理解，粤博联合广州市少年宫及广东省粤剧院共同策划推出该活动。西方女性有"扇语"，广东的粤剧里也有"扇语"。不同的是，在粤剧里，生旦净丑，皆可用扇，再配上故事、装束、唱腔和身段，人物的性格便在举手投足、一颦一笑间展现得淋漓尽致。观众通过参观展厅，跟随广东粤剧院的老师感受和体验粤剧中扇的妙用，上台表演实践，学习粤剧中不同行当的执扇方式（图15）。

为拓宽拓深展览的学术含量，我们先后邀请资深专家学者举办专题学术讲座，《世界的扇子与扇子的世界》《华美致远——中国外销绸与扇》，观众参与人数 300 余人。

五、宣传推广

为加大展览宣传力度，吸引更多观众走进来，我们在传播内容上下功夫，用讲故事的方式对展览进行深入诠释，并积极有效地拓展合作机构，通过线上线下联动的方式进行宣传推广。

在线上宣传方面，广东省博物馆官方微信、微

图15 "扇中天地,功在传神——粤剧中的扇"活动现场

博、官网和豆瓣平台共发布展览相关内容81篇,阅读量累计553万次。展览还得到来自光明网、新华网、人民网等中央媒体,广州日报、南方都市报、新快报等地方媒体,以及香港文汇报、China Daily等,共计73家媒体135篇报道,展览得到广泛关注。

线下宣传方面,针对青少年观众,编印了展览教育导览学习纸《马丁的海淘日志》;针对成年人观众,编印了具有收藏价值的《爱粤读》小报。此外配合展览,开发制作了专题展览宣传片两条,在展厅入口处的多媒体设备上轮播,帮助观众在看展之前便能够对展览有初步的了解。采用新一代AI

数字化技术制作3D虚拟展览,观众可以在PC端、手机端、VR沉浸式体验展览现场,打造永不落幕的展览。

为进一步拓展展览的延伸空间,广东省博物馆和广州地铁联合推出了"指间的广州制造——外销扇文化展"(图16),于2019年5月1日至5月31日在广州地铁2号线越秀公园站展出。展览面积272方,展线长度150米,参观人次高达100余万。展览得到了广州地铁传媒有限公司、广州市和众泽益志愿服务中心及ME公益创新资助计划青年绘项目提供相关支持。该展览是继2015年地铁3号线广州塔站《千年海丝,文明广州——

海上丝绸之路文化展》之后，广东省博物馆与广州地铁的再次合作，希望让更多人了解到广东海上丝绸之路这段重要的历史，重新认识"广州制造"中的工匠精神，为新时期的"一带一路"注入具有岭南特色的文化内涵。

六、配套服务

在讲解服务方面，推出人工导览和微信导览两种方式。同时，为了帮助观众对展览背后的故事有更深的理解，特别策划推出"专家说——策展人专题导赏活动"。从更专业角度解读展览背后的故事，引导观众对展览策划的全过程有更深入的了解。

在观众服务方面，展览共开放 121 天，接待观众 32.6 万人次，到访率为 36.25%。展览期间收到有效观众调查问卷 170 余份，观众留言 3000 余条，调查结果表明观众对本次原创的外销扇主题展览持肯定态度。在展览留言册上，观众也纷纷写下对展览的评价、赞誉和殷切希望。

在周边文创方面，配套的文化创意产品，紧扣展览主题，特色鲜明，精致时尚，贴近生活。展览共推出产品 12 种 32 款，定价亲民，多在 20-80元，涵盖日用品、装饰品、文具、食品、饮品等方面。备受赞誉的是集颜值与味蕾盛宴于一身的风尚主题蛋糕，外形取自珍藏在扇盒中的香扇（图17），同时还推出主题咖啡挂耳包，为观众带来

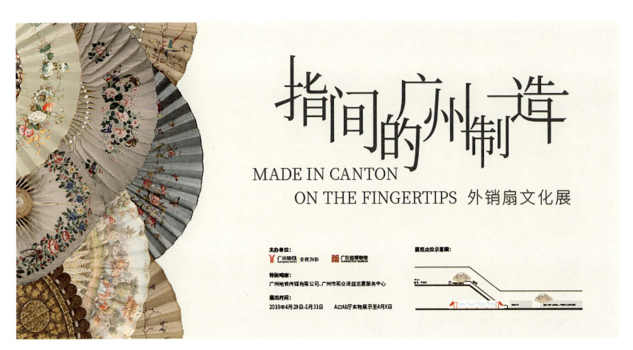

图 16 "指间的广州制造——外销扇文化展"海报

一份法式的优雅与浪漫。

展览图录集学术性、艺术性、欣赏性于一身，获评为全国第 28 届"金牛杯"银奖，广东省第 3 届"最美图书"优秀奖（图 18）。图书外形的设计概念取自黑漆描金的扇盒，在内容编排上，以七篇中外学者的最新外销扇研究成果为根基，与展览内容的四大主题有机融合，具有较高的学术含金量。展览图录销往英国、法国、荷兰、美国等多个国家及香港、澳门等地区，并在法国专业学术期刊上对展览和图录进行了专题报道。2019 年《广东省中考语文试题》第一部分基础知识的第五小题阅读材料引用了展览内容第二部分"艳惊西方"的文字内容，凸显博物馆作为第二课堂的重要性。

七、总结展望

"风·尚——18 至 20 世纪中国外销扇"展览通过 163 件 / 套中国外销扇及相关展品，呈现了中国精益求精的工匠精神，展现了扇子作为文化交流的使者，在东西方文化交流互鉴中起到的作用，再现了西方女性服装时尚的审美意趣，观众在领略外销扇优雅与时尚风致的同时，也打开了一幅 18 到

图 17 "风尚"主题文创蛋糕

图 18　展览图录封面设计

20 世纪东西方贸易与文化交流的历史画卷。

当下，在新博物馆学的倡导下，全球的博物馆都经历着从以藏品为中心到以观众为中心的转型，"博物馆的展览应逐步走出重宝、重物、重古的框架。在学术研究的指导下，开始侧重于与观众的关联、体验、探索和求知。"[2] 简单的文物堆砌已越来越难以说服打动观众，主题性、故事性的叙事策略，体验性、情境性的空间氛围，博物馆观众在体验过程中主动探索获取展览信息，从而达到博物馆人和博物馆观众之间的思想交融和情感交流，已成为大势所趋，策展为王的时代已经到来。

广东省博物馆供稿

---

2. 沈辰：《众妙之门：六谈当代博物馆》，文物出版社，2019 年，第 80 页。

广州博物馆
GUANGZHOU MUSEUM

"匠心神巧——广作特展"的策划与实施

广州博物馆在秉承"根据本馆定位及广州地域文化特色，讲好中国故事、广州故事"的办展思路基础上，于 2019 年 9 月 20 日至 2020 年 1 月 5 日，与故宫博物院、北京市颐和园管理处、广东民间工艺博物馆联合在广州博物馆镇海楼专题展厅举办"匠心神巧——广作特展"，展览中首次以"广作"之名统称清代以来广州工匠制作的具有广州地区特色的手工艺品。这是一个穿越 200 余年时空，汇聚京穗两地四家文博机构所藏 101 件清代至当代广州工匠制作的钟表、牙雕、珐琅、家具、陶瓷、织绣等广作工艺精品的原创展览。101 件展品数量虽然不算多，和同类展览相比甚至有些少，但这恰恰是这次"广作特展"的特色，精选的每件文物展品都承载着深厚的工艺与文化积淀，印记

着鲜明的历史符号，镌刻着 200 余年间广匠的奇思妙想与永恒匠心。

一、展览选题定位：紧扣时代精神及地域特色

在策展之初，我们首先思考：我们将举办一个什么类型的展览，与以往举办的广州外销艺术品、广彩、广绣等专题展览相比有什么特色？

为了明确展览定位，我们针对近 15 年来广东省博物馆、广州博物馆、广东民间工艺博物馆、恭王府博物馆等策划的多个如"粤海珍萃——清代广东贡品特展""异趣·同辉——广东省博物馆藏清代中国外销艺术精品展""风·尚——18 至 20 世纪中国外销扇""重彩华章——广彩瓷器 300 年

精华展"等与广州工艺相关的贡品、外销瓷、广彩瓷、纹章瓷、外销扇、广绣、外销画等为专题或与之类别相关的专题展览进行了认真、细致的调研。我们发现，已举办的这些展览，或仅展示广州某一工艺类别的展品，解读其发展的源流、工艺特点；或虽着重解读了某一类工艺类别展品的发展源流、工艺特点，但缺乏与同时期国内其他手工艺中心如北京、苏州等地技艺交流的展示或解读；或过多注重对某一工艺类别展品本身工艺的解读，没有深入挖掘其产生、发展及形成的时代背景；或过多强调海外市场、西方艺术对清代广州外销艺术品在设计与工艺技术方面的影响，以"西风东渐""中西合璧""中西融合"等词概之，缺乏对这些广州手工艺品根植于中华民族传统工艺内涵的深入研究，未给予符合历史事实的客观评价。

因此，我们在策划展览，确定展览选题定位时，提出了展览必须紧扣"弘扬匠心精神"的时代旋律，对清代广州手工艺的发展源流、代表性类别、代表性人物、工艺特点、艺术价值进行系统梳理、整体研究与全面展示。作为城市历史综合性博物馆，广州博物馆更应从城市史尤其是清代口岸史的视野和角度展示清代广州工艺及其延续至今的发展历程，帮助市民加深对广州城市历史发展、文化特质及其地位的认识，从而提升城市文化自信。

经过三次专家咨询会，在黄海妍、程存洁、陈滢、阮华端、骆伟雄、梁丽辉、江滢河等省内文博、高校专家悉心指导下，策展团队最终确立了"以'广作'之名统称清代以来广州工匠制作的具有广州地区特色的手工艺品，梳理 200 多年间广州工艺兴盛的时代、地域、匠人等因素，详述各类工艺特征及技巧，挖掘文物背后的故事，集中展现广州工艺的文化内涵、艺术价值，及其对中国乃至世界工艺美术的重要贡献"的展览主题与策展思路。

蔡鸿生先生曾说"口岸史的研究，应当是经济史和文化史的综合研究。既不能见物不见人，更不能见'器'（物质文化）不见'道'（精神文化）"。展览以文物说话，但是不能就物说物，要尽力搜寻与文物相关的历史信息，从中发现人的活动轨迹，甚至思想和精神，这才能赋予文物新的生命。物本无言，传承匠心，这些巧夺天工的艺术珍品虽已染岁月铅华，但细细欣赏它们，我们希望观众仍能从中真切地感受到历代广匠孜孜不倦的追求与他们蕴含于指尖的无穷创造力。因此，我们最终将展览标题定为"匠心神巧——广作特展"，望观众们通过一件件展品，静静感悟百年匠心。

二、展览展品选择：种类多元万象代表性强

在明确展览主题和策展思路后，我们面对的第一个困难就是如何选取展品，此次展览不是贡品展，也不是工艺精品展或外销艺术品展。通过故宫博物院、北京市颐和园管理处和广东民间工

艺博物馆提供的他们所藏清代广州工匠制作的可供展出的代表性文物清单，对同类工艺文物进行比较分析，我们确定了三个展品选择标准：第一，能反映东西方文化交流互鉴；第二，能体现中央与地方的互动；第三，能凸显"广作"的文化内涵、艺术价值及对中国乃至世界工艺美术的重要贡献。择优选取可反映广作相关工艺发展历程、突出工艺特点，兼顾本地、宫廷、海外三类市场区别的广作精品，共计101件。虽然仅有101件，但珍贵文物达34件，占比1/3，文物展品质地也多元万象，精品荟萃，汇聚了故宫博物院、北京市颐和园管理处、广州博物馆、广东民间工艺博物馆四家文博机构收藏的清代至当代广州工匠制作的外销画、广钟、广式牙雕、广式珐琅、广式家具、广彩、石湾陶、广绣、广缎等广作工艺精品，种类丰富多元、造型瑰丽、工艺精湛，极具历史、科学和艺术价值。其中清代广东进贡广作精品和清宫造办处制作广作精品39件；清代广东本地广作精品、外销广作精品50件；近现代广匠名家代表作12件。这里面又以故宫博物院藏清乾隆錾胎珐琅太平有象、北京市颐和园管理处藏紫檀雕卷草纹嵌细木木瓜纹有束腰宝座为代表的众多珍贵文物均为首度公开展出。在展品的安排组合上，我们根据展览主题、结构体系、内容重点，按照时代、质地、种类、风格，合理布局，有机组合，疏密有致，突出重点文物。

三、展览内容设计：溯源析流以物说史

展览内容结构体系设计上，围绕展览主题与策展思路，摒弃了传统的纯粹以时间为线索建立展览构架的模式，总体上采用了"以点串线，以线构面"的方式，经三次专家论证，最终形成了以"十八世纪以来，在繁荣的中西文化与贸易交流下，广作工艺发生的深刻变化"为故事线，将整个展览分为以下三个部分：

融会中西　创百艺新风

仙工妙技　藏紫禁御苑

回澜百年　思古今匠心

三个部分承前启后，聚焦三个问题：一是广作源流及特点，二是广作技艺与海外市场及清宫造办处的互动关系，三是近现代广匠对广作工艺的传承与发展。以此展示不同时期、不同地域、不同质地、不同特点广作精品的焕丽璀璨，又以"广作"这条红线，以碰撞、交流、融合的演进方式，探索广作工艺的过去、而今与未来，再现200余年前广匠的奇思妙想及近现代广匠的匠心独运。

同时，陈列编辑也在《清宫内务府造办处档案总汇》等清宫文献资料及近年来与广作工艺及外销艺术品有关的最新展览成果基础上，将广钟、广式牙雕、广彩、广绣、广式家具、广式珐琅产生发展的历史背景，在中西文化交流及中央与地方互动下的工艺特点、技术价值在展览中进行了重点阐述，并编制了"雍正至乾隆年间广东官员进贡的

部分钟表""雍正至乾隆年间广东官员进贡的部分牙雕""康熙至乾隆年间广东官员进贡的部分织物""雍正至乾隆年间广东官员进贡的部分家具""乾隆至嘉庆年间广东官员进贡的部分珐琅器"及"康熙至乾隆年间清宫造办处部分广匠名录"6份简表，并将这些内容融入提纲脚本，希望通过强化重点展品的历史印记，使观众被展品背后的人物故事所吸引，拉近观众与展品之间的距离。

此外，还针对部分重点文物展品，根据合作单位提供的资料信息、清宫档案、粤海关志及清代文人文集、入华使团、外国学者的文集中爬梳其中所蕴含的鲜为人知的故事，将这些故事讲述给每一位观众，增加展览的趣味性。如故宫博物院藏清乾隆錾胎珐琅太平有象，根据故宫博物院提供资料，及查阅《故宫物品点查报告》等清宫档案文件及民国时期相关资料显示，这对大象为乾隆四十一年（1776年）两广总督李侍尧进贡，是一件广州制造的珐琅精品，象身纹样以錾胎技法制成，内填月白色珐琅；宝瓶、鞍鞯、鞍垫及长方形座的花纹则用掐丝填珐琅技法完成，融錾胎珐琅及掐丝珐琅技艺于一体，是一件"复合珐琅器"，自1776年入宫后，一直被安放于紫禁城中供奉玄武大帝的钦安殿内[1]，200多年后第一次回到出生地广州。确切的纪年与人物信息，寓意吉祥的文化内

涵以及独具特色的工艺、大气宏阔的造型，让这件展品自带流量，备受关注，成为展览中当之无愧的"明星"展品。

四、展览形式设计：保护第一妙意创新

在展线和展板设计上，经专家和策展团队多次讨论后一致认为，这次展览的展品工艺精美、各具特色、观赏性强，因此不宜过度设计，要多做减法，尽量突出工艺、材质、历史感和地域特色；同时保持展厅的静谧和色调的简洁，让观众能够静下心来认真观看展板、欣赏展品、感悟匠心。

整个展线，我们按照内容设计及叙事方式，主要分为序厅、第一展厅、过道、第二展厅、第三展厅及互动区六个区域。主要内容安排于沿墙展柜内作为主线，重点文物、场景、视频、多媒体、互动体验项目等设置于柜外的墙面、空间或独立柜作为辅线，并针对一些重要文物、组合文物，专门设计、制作了不同体量的展柜、展台、展架特别展示。

展览整体以重点文物"太平有象"、广缎中"蓝地'卍'字纹饰"为主要设计元素，营造"广作"传承百年的大气磅礴与细腻柔美（图1~3）。

在展板设计方面，设计人员利用四馆优势互补，紧扣主题，突出重点，力求准确传达不同历史时期及地域广州工艺的文化内涵与艺术价值。第一展厅第一部分以广缎中的深蓝色和广钟金色为主色调，凸显"一口通商"时期广作工艺融会中西的

<hr>

1. （民国）清室善后委员会编：《故宫物品点查报告》，中华民国十四年至十九年，第二辑，第一编，第五册，卷五"钦安殿 四神祠"，线装书局，2004年，第333页。

图 1　故宫博物院藏清乾隆錾胎珐琅太平有象

图 2　广州博物馆藏清光绪蓝色斜万字纹广缎

图 3　"匠心神巧——广作特展"序厅实景

图 4　一、二、三部分部首图版

发展历程；第二展厅第二部分以故宫红为主色调，配以清宫小场景凸显广作"恭造"风格及清廷重视下广作工艺的黄金时代；第三展厅第三部分以沉稳的酱色为主色调，回澜百年，感受当代的匠人之心（图4、5）。

辅助展品设计上，策展团队还是结合内容设计和参观动线，因地制宜选取了三处位置进行特殊设计，使其巧妙地融入展线中，不脱离内容也

图5 第一、二、三部分部分展板设计图

不过分装饰，仅对展览主题或该部分内容进行渲染突出。如在第一展厅与前言板相隔的空白墙体上设置长轴式高光油画布展板，选取与第一部分内容相关的几类清代广州代表性工艺，用对应展品中最具特色的图像加以强调其工艺、装饰图案和设计风格，包括广钟的鎏金工艺与报时变字机械装置、广式画珐琅的西洋绘画技艺和多变釉料等，该展板既是对广作工艺特征的小结，也让参观完第一部分的观众有了更直观的印象，提升了广作工艺的辨识度（图6）。

在第一展厅和第二展厅连接处，长约6米的狭长过道内，策展人员设置了感应式动感装置，选取九件代表性展品图片，观众从过道经过，设备感应器接收到信号就会依次点亮九幅图片，寓意"广作绽放"，既吸引观众注意这些展品，又增加展览的互动性（图7）。

在第二展厅内，结合内容设计和参观动线，专门设置颐和园管理处藏紫檀雕卷草纹嵌细木木瓜纹有束腰宝座半开放式展区。策展人员严格按照文物保护要求，选用不易挥发有害气体的墙纸及喷绘

图6　清代广州各类代表性工艺图案墙

图 7 "广作绽放" 动感灯箱装置

图 8 紫檀宝座半开放式场景

图 9 常规展架与定制展架

材料，并要求制作公司用糯米胶裱贴。为保证文物安全和展示效果，该区域外沿安装 1.5 米高玻璃围栏以分隔人群（图 8）。

策展团队在进行内容设计和形式设计时，除强调陈列思路和叙述逻辑外，一并考虑每件文物的陈列方式，尽力找到文物保护和展示效果的平衡点。

设计人员对每个展柜、每件文物进行一对一量身设计，力求展板、展台、展架、展托与文物在灯光的巧妙烘托下有机融合，形成立体的、多角度的呈现。在布展前，我们根据部分展品的尺寸和特性对展台进行了调整更换，并定制了一批特殊展架，确保所有展出文物的安全和尽可能地还原历史原貌（图 9）。

图 10 展览请柬及细部

图 11 展览海报

整个形式设计上，我们始终坚持以对文物"保护第一"的原则为前提，根据文物体积、重量定制展示方案，以最符合文物特性及观赏原则的方式固定，特制展架使展品错落有致，增强观众体验感。

在请柬海报设计上，我们也是使用故宫博物院所藏清乾隆錾胎珐琅太平有象作为请柬，代表清代广缎最高工艺水平的广州博物馆藏清光绪年间粤海关监督海绪为慈禧太后五旬寿辰特别定制的蓝地"卍"字纹广缎中的纹饰作为设计的主体元素。其中"神"字右边的"申"字竖笔，镶嵌了我馆所藏清代象牙镂雕福寿宝相花套球照片，既取其造型与竖笔一致，又因广州牙雕技艺高超，享誉海内外，明人曹昭《格古要论》称之为"鬼功球"，世人叹其"鬼斧神工"，以此象牙球突出广州工艺的精巧神妙，进一步强调展览标题"匠心神巧"之意（图10、11）。

五、展览推广：线上线下跨界融合

展览宣传方面，我们制作了展览宣传册，同时也在南方网上对展览开幕式进行了图文直播，开幕式当晚超 11 万人追踪观看展览直播视频。

展览展出期间，得到了社会各界及媒体、网站的广泛关注，慕名而来的观众络绎不绝，参观人数共计 264 万人次，2019 年国庆期间最高单日参观人数超 1.4 万人次。专题宣传片被"学习强国"平台及广州日报秒拍平台转载，播放量分别达 52.9 万次及 175 万次。媒体报道共 85 篇，其中 4 篇被"学习强国"平台转载。依据展览"匠心"主题共策划 45 场非遗手工活动，5 场专题学术讲座，以及专家及策展人、志愿者导赏，机场研学等各类教育活动（线上＋线下）（图12、13）。

图 12 "匠心神巧——广作特展"机场研学

图13　"匠心神巧——广作特展"配套学术讲座第一讲——"千春涵芳——官造画珐琅工艺的发展及特色"

在文创方面，我们与广州日报合作联合开发了特色文创——策展手记，以纪实的手法将"匠心神巧——广作特展"展览从策展、展览洽谈、文物选取、文物运输、布展等过程以手绘图画和日记文字的形式呈现在手账本上，以手绘图画和文字描述相结合的方式生动再现了展览诞生的点点滴滴（图14）。

展览闭幕前，经长达半年精心策划的《匠心神巧——清代广作历史及工艺传承研究文集》正式由广东人民出版社出版发行，文集共收录海内外多家博物馆、档案馆、高校24位专家学者专题论文，分别根据自身专业领域掌握的文献档案或实物资料，就广作某一门类或广作工艺与宫廷、海外市场的关系进行了深入探讨（图15）。

六、小结与思考

世事更迭，繁华渐落。这些巧夺天工的广作器物虽已浸染岁月铅华，但历代广匠却用其神巧独妙的技艺将往昔与当下的文化、艺术与美永久凝聚于这些器物之中。为人们探索广作工艺的过去、而今与未来，提供了最佳参照。

"心心在一艺，其艺必工"，物本无言，传承匠心。这次展览虽已闭幕，但留给我们很多启示：

图 14 　《策展手记》设计图（部分）

图 15 　《匠心神巧——清代广作历史及工艺传承研究文集》

尊重历史，敬畏先人，用心策展，永无止境！展览的成功举办与载誉而归离不开广州市文化广电旅游局的指导及故宫博物院、北京市颐和园管理处与广东民间工艺博物馆的鼎力支持，无论是策展还是到最后文物安全归还入库各个环节，都离不开大家的群策群力，共同奋战。此次展览也有遗憾，遗憾因场地、展线的局限，我们未能展出更多更具代表性的广作文物，也未能更加深入且细致地解读每一种广作工艺，但我们愿以此展为新的起点，望更多的专家学者、文博同行参与到广作文物的研究之中，共同推进广作文物的保护、研究、展示及推广工作。

广州博物馆供稿

东南多胜事

——雷峰塔与吴越国佛教艺术展

吴越国（907—978 年）是五代十国时期割据东南的地方王国，定都杭州，版图最盛时北起苏州，南抵福州，历经三代五王，皆奉中原王朝正朔，在政治、经济、文化与科技等诸多领域都取得了重要成就，且与日本、高丽之间的文化、贸易往来频繁，也是十国中享国时间最长的地方政权。

由深圳博物馆联合浙江省博物馆、中国国家博物馆、苏州博物馆与湖州市博物馆举办的"东南多胜事——雷峰塔与吴越国佛教艺术展"，于 2020 年 7 月 10 日至 10 月 11 日，在深圳博物馆金田路馆（历史民俗）第一专题展厅展出。本次展览以吴越国时期的佛教艺术为主题，荟萃吴越国时期雷峰塔及其他重要佛教遗址出土的文物精品共计 78 件组，当中包括阿育王塔、造像、铜镜、砖石拓片、经卷与经函等多项门类的佛教文物，向观众呈现吴越国时期佛教文化与艺术的辉煌成就（图 1）。

一、策展思路

基于吴越国在中国佛教发展史上的独特地位，呈现唐宋变革背景下的吴越国佛教艺术成为本次展览策划的主要内容。经历晚唐武宗灭佛与藩镇割据、黄巢之乱的多重打击，佛教几近衰微。吴越国诸王立足东南文化传统，崇尚佛教，"佛僧之胜，盖甲天下"，佛教思想与艺术均得到全新的开创与发展，吴越国也被誉为"东南佛国"。国都杭州所建雷峰塔，更是吴越国晚期大兴佛教、祈求国泰民安的宗教政治文化之大体现，这也可从佛塔丰富的出土遗物中窥见一斑。吴越国佛教艺术承前启后，

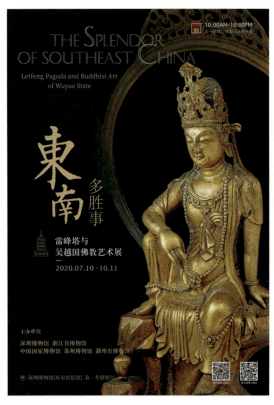
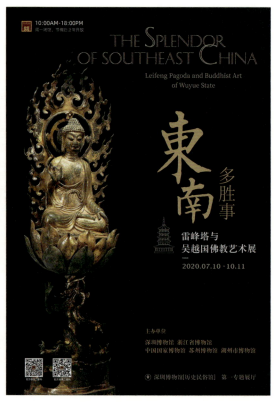

图1　展览海报

在延续唐代某些外形遗风的同时，开启宋代趋于简约而重内在意韵的先声，展览文本的写作也着墨于揭示其背后反映的佛教思想艺术的中国化进程。

2020年是深圳经济特区建立40周年，而本次展览既是庆祝特区40周年的重要献礼之一，也是本馆"中国佛教艺术"特展系列的又一重要项目。此前举办的"蜀韵佛光——四川南北朝隋唐佛教石刻文物展""玉石梵像——故宫藏曲阳出土北朝隋唐佛教造像展""曼荼罗——法门寺与唐代密教艺术展""祥云托起珠穆朗玛——藏传佛教艺术精品展""物华天宝——辽宁朝阳北塔出土文物精品展"

等十余个佛教专题展览，形成了独具特色的本馆特展系列，也累积了丰富的策展经验，为本次展览的策划奠定了坚实的基础。本次佛教艺术展览选取吴越国时期作为切入点，有利于梳理佛教艺术的转型及其中国化的历程，也有助于以东南文化发展视角考察中国文明的发展脉络。

二、展览内容

吴越国处于中国古代唐宋变革的关键历史时期，佛教宗派与造像艺术也处在中国化的转型阶段。本次展览以呈现吴越国时期佛教历史与艺术面貌为核心，序厅讲述吴越国概况及其佛教发展历程，第一、二单元分别展现雷峰塔的历史与传说、吴越国的佛教艺术，逻辑清晰，层次分明。

作为展览的开端，序厅首先向观众概述吴越国历史，交代钱氏掌权与吴越国佛教兴盛的紧密联系。钱镠、钱俶批牍合卷为该部分的核心展品，其内容为吴越开国君主钱镠发予崇吴禅院长老僧嗣匡的牒文，以及钱俶批字的宝庆寺僧崇定上奏的表文，反映了钱氏诸王经营下吴越国佛教蓬勃发展的盛况（图2）。

第一单元"千年胜景——雷峰塔的前世今生"，通过展示雷峰塔遗址出土的精品文物，阐述了雷峰塔供养"佛螺髻发"舍利的建塔缘由，以及由各类器物组合而成的佛教供养空间的营造方式。该单元中的纯银阿育王塔与金舍利瓶（图3），为雷峰塔

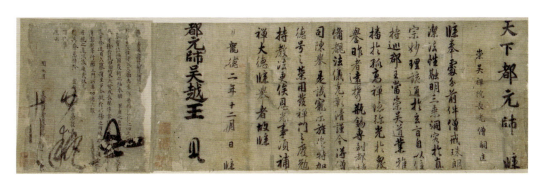

图2　吴越国 钱镠、钱俶批牍合卷　1959年浙江象山钱氏后裔钱渭昌捐赠　浙江省博物馆藏

图3　吴越国 纯银阿育王塔与金舍利瓶
2000年杭州雷峰塔天宫出土
浙江省博物馆藏

图 4　吴越国 鎏金铜龙柱佛像
2001 年杭州雷峰塔地宫出土
浙江省博物馆藏

图 5　吴越国 藏经砖
2000 年杭州雷峰塔遗址出土
浙江省博物馆藏

原天宫内的核心组成部分；鎏金铜龙柱佛像等物品则放置于地宫中（图 4），共同构建起供奉舍利的庄严法界。同时，雷峰塔特有的藏经砖（图 5）、雕版印刷本《宝箧印陀罗尼经》与多件石刻《华严经》残件，更是吴越国王在历经唐五代毁佛运动后祈求佛法永存的重要物证。此外，展览为观众梳理出与雷峰塔相关的白蛇故事文本的形成过程，有助于厘清雷峰塔的历史面貌与文学形象。

第二单元"唐风宋韵——吴越国的佛教艺术"，集中展示各地出土吴越国时期的阿育王塔（图 6）、经卷与经函（图 7）、铜镜（图 8）、造像等佛教文物，凸显吴越国在佛教思想与艺术中国化历程中的重要意义。吴越国以推崇佛教载誉史册，其佛教艺术也在继承中晚唐遗风的基础上，形成了典雅秀美的江南风格，成为介于"唐宋之间"的重要艺术代表。吴越国时期流行的"西方三圣"、观音菩萨与地藏菩萨（图 9）、十六罗汉等信仰，表现于其独树一帜的造像艺术中。浙江金华万佛

图 6　后周显德二年（955 年）铜阿育王塔
1978 年苏州瑞光寺塔第三层天宫出土
苏州博物馆藏

图 7　北宋建隆二年（961 年）贴金彩绘石雕经函
1963 年东阳中兴寺塔出土
浙江省博物馆藏

图 8　北宋 线刻佛像铜镜
1957 年苏州虎丘云岩寺塔第三层出土
苏州博物馆藏

塔地宫出土的鎏金铜水月观音像，更反映了吴越国佛教艺术的独创精神与最高成就（图10）。水月观音形象始于中唐著名艺术家周昉的妙创，该菩萨采用写意的圆轮状三束火焰大背光，以游戏坐姿安坐于象征普陀洛伽山的岩台上，作观台前莲池水中之月状，一改传统菩萨的庄严形象，充满中国化的诗意与禅境的美感，正是佛教艺术处于转型时期的代表性造像。

另外，着眼于不同地域的文化互动，也是内容创作中的一大亮点。吴越国时期的阿育王塔，一方面是钱俶崇佛行为的重要产物，另一方面也是10世纪东亚佛教文化交流的重要物证。第二单元集中展示阿育王塔的区域，以展板的形式讲述了阿育王塔本土的发展及其向域外渗透的历程。同样，不同文明中发现的线刻佛像镜反映出铜镜线刻技术由西而东、横跨亚欧大陆的长距离传播，这一点也通过展板的图文得以展现，使展览内容更趋于多元（图11）。

图 9　吴越国　铜地藏菩萨坐像
1957 年金华万佛塔地宫出土
浙江省博物馆藏

图 10　吴越国　鎏金铜水月观音像
1957 年金华万佛塔地宫出土
中国国家博物馆藏

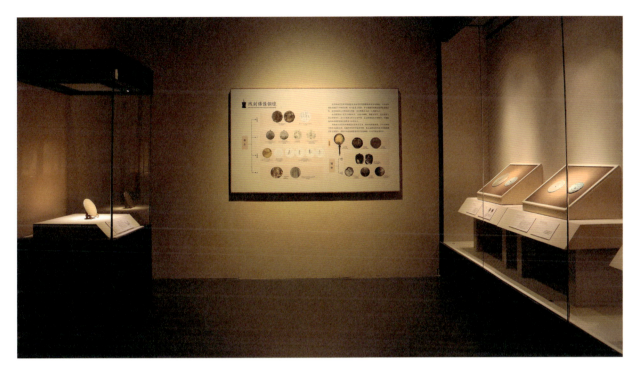

图 11　线刻佛像铜镜展板

三、形式设计

展览的形式设计经过反复推敲，尤其是空间设计与展线规划，着力于突破展厅建筑的固有限制，力求让观众在典雅、静谧而闲适的氛围中观展（图12）。进入展厅后，展标墙与前言墙围合出模拟佛塔建筑结构的八边形空间，将观众从展厅外部迅速引入到展览的主题中（图13）。展厅内使用仿五代木制屏风、建筑结构格栅与佛教壶门等形式进行空间隔断，同时通过采用织制品与实木框架结合的形式，打造透空网纱的效果，营造出虚与实相结合的观感（图14）。展厅中部的长通道，以杭州西湖一带吴越国时期造像与江浙地区吴越国佛塔遗址旧影为展示内容，下部辅以吴越国佛教艺术流行的山形装饰，既在展厅装饰方面强调了吴越国时代的典型特征，多元且富于变化，又在视觉上让人感受到清新脱俗之气韵，并能有效地引导观众参观（图15）。水月观音像与旁侧立起的屏风及山石装饰，组合成富有禅意的场景，别出心裁（图16）。此外，展厅内穿插多媒体展示区域与观众休息区，整个展览空间做到了主与次、动与静、疏与密相结合的规划（图17）。

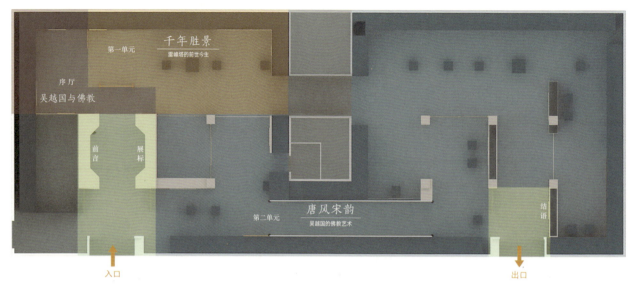

图 12　展厅平面图

图 13　展厅入口

图 14　空间隔断　　　　　　　　　　　　　图 15　通道区域

图 16　鎏金铜水月观音像与山石、屏风场景

图 17 多媒体展示与观众休息区

图 18 浙江省博物馆黎毓馨研究员讲座

四、宣传推广与社会教育

　　宣传推广与社会教育是展览工作的重要内容，也是博物馆充分发挥社会效益的关键。虽然本次展览时逢新冠肺炎疫情，展览工作的开展遭遇诸多困难，但展览的宣传与教育活动在严格遵守疫情防控政策的要求下依然有条不紊地开展。除了印制向公众发放的展览宣传册，以及开幕当天开展的专家导赏活动，展览期间先后邀请浙江省博物馆黎毓馨研究员与深圳博物馆黄阳兴研究员，围绕吴越国时期佛教艺术的主题分别进行公益讲座（图18）。展期内共计有14.09万人次参观展览，其中未成年观众达1.15万人次。

　　为配合本次展览，我馆分阶段在深圳晚报、深圳特区报、深圳商报、晶报、Shenzhen Daily（图19）等本地主要纸媒进行专题宣传，从展览的策划筹备、布展到开幕、中期等各个阶段作全方位追踪报道，多家网络媒体与其他展览主办单位又对展览相关报道进行转载。我馆的自有媒体，包括网站、微信公众号、微博、喜马拉雅等，在展览开幕前已着手预热宣传，抛出具有网络新闻吸引力的话题"东南多胜事——雷峰塔与吴越国佛教艺术展"引发公众好奇，并精选重点宣传文物照片为配图。展览期间在微信公众号与微博上发表了多篇展览解读文章，让普通观众能够更进一

图19　Shenzhen Daily 报道

图20　《中国文物报》专版宣传

图 21　全景虚拟展厅

步了解展览内容相关背景和专业知识，反响良好。在展览中期阶段，由策展团队撰写专业文章，发表在《中国文物报》上作专版宣传，获得同行与广大观众的关注，提高展览吸引力（图20）。在展览即将结束之际，通过对一系列展览数据的整理和回顾，再一次提升展览话题热度；对推广互动、社教活动的内容与意义进行再次回顾和梳理，同时凸显展览配套系列活动在公众中的影响力与在业界的口碑，并吸引媒体和公众对展览以及博物馆的关注。

此外，360°全景虚拟展厅也在我馆官网内上线，观众足不出户即可在网上畅游展览，观看重点文物的信息及高清大图，尽可能更大范围地满足疫情期间出行受限的各地观众的观展需求（图21）。

五、小结与思考

基于长期以来对中国古代佛教艺术的研究积淀，策展团队以两年时间着手进行展览前期的筹备工作，数次赴浙江多家文博单位展开调研，并对部分吴越国时期的塔寺建筑遗址作实地考察，为求更全面地掌握文本创作材料。在展览内容创作过程中，策展团队积极与各藏品单位反复沟通，商定展品及协调展览相关事宜。

然而，新冠肺炎疫情的爆发始料未及，为展

览工作的推进带来了不少困难。尤其是展品的点交与运输工作，事关长距离、跨地区的人员流动，各地疫情风险等级及对应防控要求也在随时变动，对各方而言都是极大的考验。点交前期，我们与各合作单位保持密切沟通，及时商讨、更新运输方案，确保展品安全与人员健康状况。历经重重困难，有赖各方的通力合作，这些分藏于各地博物馆的吴越国遗珍得以在深圳重聚。

除了展品的点交与运输工作，明显受疫情因素影响的还有展览的宣传与教育活动。展览的宣传推广与教育活动，是展览内容的重要延伸，目的在于打破展览的时空界限，更大范围地惠及更多观众群体。虽然疫情已然过去，但未来一旦再次面临同样特殊的时期，博物馆的运营亦将受各种条件限制，如何开展形式更丰富多样的展览活动，是值得我们业界不断思考的问题。

深圳博物馆今后将一如既往地做好学术研究，提升公共文化服务质量，深入挖掘中华优秀传统文化蕴含的思想观念、人文精神，讲好中国故事，为观众呈现更多有思想、有内涵的文物艺术展览。最后，由衷感谢各合作单位的大力支持，也感谢为本次展览付出辛勤劳动的各方工作人员。

深圳博物馆供稿

辛亥革命紀念館
Memorial Museum of 1911Revolution

关注时代热点，做有温度的展览
——"积健为雄——近代广州的卫生治理"展览解析

　　2008 年国际博物馆日主题为"博物馆：促进社会变化发展的力量"，时任国际博物馆协会主席阿莉珊德拉·卡明斯 (Alissandra Cummins) 对此主题陈述道："虽然传统的博物馆以藏品而知名，越来越多的博物馆正发挥积极作用，参与到探讨解决社会问题的过程中，对社区发展做出自己的贡献。通过展示、教育以及陈列设计，博物馆的教育和道德功能将与当代多元的文化社区相结合。国际博物馆日展现出这样一种可能性，凭借新的方法，我们可以联合起来用今日智慧之光点亮过去，映照出更加美好的未来。"[1] 很久以来，博物馆都被视为依靠收藏、保护、研究和展示等功能为社会及其发展服务的重要机构。而在这诸多功能中，展览又是最直接与公众接触的一项。陈列展览是博物馆传播先进文化、发挥社会教育作用的主要手段，是博物馆为公众提供公共文化产品和服务的主要形式[2]。通过展览，博物馆向公众进行知识传播和公共教育，让公众从中获取知识及美的享受。同时，这也影响着公众对博物馆的评价。

　　2019 年底至 2020 年初在全球范围内相继爆发新冠肺炎疫情，引起了民众恐慌。在此重大公共卫生事件影响下，正常的社会生产与民众生活秩序被打乱。疫情伊始，秉承着"为了明天收藏今天"

1. 苏州博物馆官方网站，https://www.szmuseum.com/Activity/NewsDetails/f7d82837-0622-49a5-a58b-6680f81d2def，2024.1.22。

2. 陆建松：《博物馆展览策划：理念与实务》，复旦大学出版社，2016 年，第 1 页。

的信念，博物馆开始收集留存时代记忆的与疫情相关的承载物。同时，这一时代热点也成为博物馆展览的新选题，为了呈现各行各业众志成城对抗疫情的斗争，全国各地抗疫展如雨后春笋般在开办。作为一个社会建设的积极参与者，辛亥革命纪念馆自觉承担起社会责任，立足于自身定位，向公众呈现了一个有温度的抗疫展。

一、 以特展触及公众需求

近年来，博物馆的发展理念已经由"以物为本"转向"以人为本"，并成为博物馆发展的基本原则。《博物馆事业中长期发展规划纲要（2011-2020 年）》强调，把以人为本作为博物馆事业加速发展的基本理念，树立博物馆文化资源属于人民、博物馆文化发展依靠人民、博物馆文化成果惠及人民的理念。博物馆存在于一定的社会环境之中，应对社会的各个方面保持关注，适时地对民众所关注的问题给予回应，以体现其对社会的责任与担当。

新冠肺炎疫情突然爆发并发展成为特大公共卫生事件，影响到每个人的生活，防疫、卫生、病毒、口罩等词汇成为生活的一部分，在相当长的一段时间内都是民众心中挥之不去的阴霾。民众对于疫情的恐慌、疑惑以及相关卫生知识的渴求，成为博物馆关注及参与社会事件的重要切入点。在新冠肺炎疫情下，博物馆不仅仅是公共事件的记录者、承载者，它也是参与者，可以利用其场所和资源在疾病

预防、公共卫生干预方面做出贡献[3]。依托展览这种可视、可参与的文化产品，搭配丰富多彩的宣传、教育活动等途径，可以切实触及公众的需求。

严建强教授认为，对博物馆而言，特展属于短时效应产品，以其时间短、规模小的时空特征所带来的灵活性与短时效应，得以更深入全面地涉入社会生活，关注更广泛的人群与文化，呼应突发性的社会热点事件，并对社会敏感话题做出回应[4]。特展的灵活性特征，使我们能够对公众的需求做出迅速响应，采用灵活多样的方式，因此，仅数月之后我馆便推出了以卫生为主题的"积健为雄——近代广州的卫生治理"特展。

二、 以博物馆性质确立特展主题

任何一个新陈列都必须服务于博物馆的总体目标，如果博物馆的宗旨是"呈现尼罗河流域的历史"，那么安排关于泰国佛教艺术的陈列就没有多少意义了[5]。作为一个博物馆主题展览的补充与延伸，特展与主题展览共同诠释了博物馆的定位，这也就决定了特展的选题需要在充分考量博物馆性质的前提

---

3. 姜燕蓉：《"博物馆与健康"之公共卫生干预——以欧美博物馆实例探索博物馆的社会职能》，《博物院》，2022 年第 4 期。

4. 严建强：《特展与博物馆社会角色拓展》，《东南文化》2013 年第 2 期。

5. ［英］蒂莫西·阿姆布罗斯、克里斯平·佩恩：《博物馆基础（第 3 版）》，译林出版社，2016 年，第 139 页。

下确定，否则便会偏离博物馆的总体目标，对博物馆整体形象的塑造以及整体价值的输出助益甚微。

辛亥革命纪念馆是全国性纪念辛亥革命历史的专题博物馆。就辛亥革命而言，它不仅是一场完全意义上的近代民族民主革命，同时也是一场与社会、经济、文化，以及人民生活和精神面貌密切相关的巨大变革，它使中国进步的闸门进一步打开，向现代化迈进。因此，从题材上说，辛亥革命时期的政治革命以及社会变革均为辛亥革命纪念馆展览范围；从时间上说，呈现的历史集中于清末、民国时期，有些因主题阐释的需要甚至拓展到整个近代时期。通过题材多样的特展，搭配辛亥革命的主题展览，共同绘就辛亥革命时期的社会全貌。当新冠肺炎疫情这类公共卫生事件发生并引起社会广泛关注后，也就进入我馆展览选题范围内。

抗疫事涉内容方方面面，从中提炼主题至关重要。主题是博物馆展览的灵魂和核心，贯穿于展览的全过程。展览主题提炼愈充分，立意就愈高，展览的思想性、时代性和教育意义就愈强[6]。新冠肺炎疫情在爆发之初来势凶猛，扩散迅速，民众的紧张情绪也随之攀升。然而在一系列防护措施后，疫情出现拐点，新增感染病例迅速下降，得到有效控制。即便在北京、上海、广州这样人员流动频繁、对外交流频繁的城市，受境外感染病例的影响也相当微弱。另一方面，医院内感染病例的治愈率提高。

6. 陆建松：《博物馆展览策划：理念与实务》，复旦大学出版社，2016年，第100页。

公众的生活秩序逐渐趋于正常，一切回归正轨。反观1894年发生在广州、香港地区的鼠疫，虽都处于疫情的中心，但是广州的死亡病例十倍于香港，数万人因此失去生命。仅仅一个世纪的时间，变化明显。当我们探寻这一个世纪疫情对我们所造成的伤害天差地别的原因时，毫无疑问，应对疫情的科学举措以及医学的发展才是最终取得胜利的法宝，归根结底是公共卫生事业的发展奠定了成功基础。因此，此次展览的主题，就选定近代公共卫生体系的建设历程，聚焦于抗疫背后的力量。

三、以局部地域为个案

公共卫生所涉空间范围也是一个重要考量因素，需要在局部地域或者全国之间作选择。近代中国的卫生事业发展经历了由民间主导逐渐向政府主导的过程，民国时期军阀割据，政令不通，各地自成一脉，很难简单地通过时间线来梳理完整的近代中国卫生发展路径。以局部地域为个案，进行详细分析研究，却能清晰明了地看清整个脉络。

基于在地性的考量，选取广州也有其必要性。辛亥革命纪念馆地处广州，是中国开始走上近代化道路的先行之地。广州因其优越的区位以及频繁的对外交流，领先于全国其他地区。具体到公共卫生领域，1805年预防天花的种牛痘术首先传入广州，并以广州为中心向全国传播开来；1817年广州人邱熺写成《引痘略》一书，扩大了种牛痘术的传播；

1835 年中国第一家西医院——眼科医局在广州开办；1921 年广州市政厅成立，设立了第一个市级卫生行政机构——卫生局，广州卫生事业发展进入快速发展期。诸如此类，多不胜数。可以说广州在卫生领域的发展就是中国卫生事业现代化的缩影，因此选取广州一地作为观察点，借以一览中国卫生体系建设的全貌，这样也避免了因选取的面太广而造成呈现不够深入的问题。

结合辛亥革命纪念馆的观众构成，加上由于疫情影响，外地游客数量的减少，本地观众比例占比增加的情况下，以广州为案例能够更为便捷地与本地观众建立联系，寻求情感共鸣，激起他们的认同感。博物馆构建区域叙事，首先要从遗产构成的角度建立地方性，关注与特定人群共同体生产和生活密切相关的物，并对物的信息进行解码，揭示其背后蕴含的文化观念及其对区域社会的实践意义[7]。所以，在展览的内容呈现上，能够看到大量时至今日依然存在的与卫生相关的地点及建筑物，如历史悠久的孙逸仙纪念医院、第一人民医院，每天离不开的自来水厂已历经一个多世纪了等等。本地观众可以发现这些卫生领域有着重要地位的设施就在身边，是生活中的一部分。对于外地观众，也能从中一览近代广州卫生发展的领先步伐，领略广州抗疫成功的秘诀。

---

7. 周墨兰：《地域文化在博物馆的展示传播与话语构建——以徽州文化为中心的考察》，《博物馆管理》，2021 年第 1 期。

四、科普与历史并举

陈列应当是为满足主要"目标观众"的需要和兴趣而设计，虽然也应当引起其他观众的兴趣，但陈列和展览必须有针对性，针对某些特殊的观众或参观群体，因为策展者如果试图取悦每个人，可能将无法满足任何人的需求[8]。在策划展览之初，我们就在考虑展览的目标观众，包括观众的地区、年龄、受教育程度等诸多方面因素。对不同的目标群体，需要采取不同的叙事方式。

抗疫的成功归功于公共卫生事业的发展，梳理这一发展历程至为重要。然而如果仅仅是单一的卫生发展史，未免过于教科书化，低龄或者受教育程度较低的观众对教条式的宣教接受度低，那么对于观众兴趣的提高将会收效甚微。在民众充满对疫情的恐慌、未知的情况下，实实在在触及观众的实际需求才是当务之急。因此，近代广州卫生发展史这条历史线之外，我们围绕其中相关知识点，另设一条科普线，均设置为互动展项。

互动项目的本质是要通过它所具有的参与性、体验性和娱乐性来更有效地传递知识、信息，以实现展览与观众、观众与观众间的情感、观点和信息的交流[9]。随着大众文化需求水平的日益提高，参观博物馆的需求更盛。据统计，2019 年观众数相

---

8. ［英］蒂莫西·阿姆布罗斯、克里斯平·佩恩：《博物馆基础（第 3 版）》，译林出版社，2016 年，第 139 页。
9. 魏敏：《博物馆临展互动项目设计刍议》，《东南文化》，2015 年第 1 期。

比于 2018 年增长 1 亿多人次，达到 12.27 亿。在大城市，博物馆之于民众生活更为密切，民众对于博物馆的需求更甚，观众参观博物馆已经不仅仅满足于"观"的程度，"参与"成了他们的新需求。参与能够让观众对展品及展览有更深的体验，提升兴趣，对于更好地传达展览的思想产生事半功倍的效果，进而达到展览的目标。

互动展项的设计除了符合展览主题的基本原则之外，还需要充分考虑互动的核心——"人"。互动是人与展品、展览之间的联动，具体就是以观众的需求为导向。博物馆努力与人们的生活发生联系，而博物馆的展示、教育唯有搭建在"相关性"的基础上，吸引观众关注，才有可能进一步引发他们的共鸣，促使其感动、铭记，并真正激励他们的同理心，影响其思维和行为的改变[10]。因此，本次展览的互动展项力求与观众的生活发生关联，建立"相关性"，获得认同感。

例如"卫生设施羊城寻踪"是在地图上查找今天尚存的卫生设施；"垃圾分类"与 2019 年广州全面实行的垃圾分类政策相联系；"揭穿小人国的秘密——显微镜"是让观众了解显微镜历史及其对医学进步的作用，并且动手操作观察细菌；"中国第一只口罩——伍氏口罩"是对每天所佩戴口罩历史、功用和种类的科普；"芳香祛疫——香囊制作"展项在于通过制作《备急千金要方》中"辟温气太

一流金散方"香囊，来了解传统防疫举措；"当西医遇到中文"取自 1851 年在广州编译出版的我国第一本比较系统的西方医学著作——《全体新论》的内容，了解近代西方医学术语的变迁。

趣味性和娱乐性是博物馆展览的手段，参观展览是一种寓教于乐式的学习，虽然展览传播的观点和思想、信息和知识是理性的，但作为一种视觉和感性艺术，展览表现的形式应该是感性的[11]。互动展项的设置正是这种感性的表现形式之一。传统博物馆习惯于要求观众"请勿触摸"以至于多数观众产生不敢触碰的习惯，这无疑会拉大观众与展览、展品的距离。基于此，我们在展项的旁边张贴"欢迎体验"的标签，体验者数量可观。

互动展项展线的设置，可以让观众在展厅的驻足时间延长，展览的吸引力相应会得到提升，观众对展览的理解就会更为深入，印象就会更为深刻，对博物馆的好感也会得到提升，观众进而会变为博物馆比较稳定的观众群。在网络时代的今天，信息借由网络迅速传播，观众对于博物馆的好感可迅速通过网络转化为品牌效益，对于博物馆的品牌塑造至为关键。

五、多馆协作，资源聚合

展览试图将所呈现的内容与观众的生活产生

---

10. 郑奕：《相关度、共鸣度、同理心——博物馆企及观众的关键所在》，《东南文化》，2018 年第 1 期。

11. 陆建松：《博物馆展示需要更新和突破的几个理念》，《东南文化》，2014 年第 3 期。

广泛且密切的联系，如此一来，馆藏资源难以满足这样一个以文物为支撑的展览。同时，涉及面愈广、深度愈深，专业知识就愈显不足，这对于以科学性为第一标准的博物馆展览来说是致命的。科学性和真实性是博物馆展览的前提，博物馆展览的建设要有扎实的学术支撑，要以文物标本和学术研究成果为基础……没有科学性和真实性作保证的博物馆展览，必然不是一个真正的博物馆展览[12]。

考虑到文物及卫生知识的双重制约因素，结合展览的主题和馆藏资源情况，我们选择了多馆协作的路径。岭南金融博物馆与广东中医药博物馆作为行业类博物馆，各自在自己的领域内深耕多年，专业性极强，馆藏资源丰富，可以有效弥补所要策划特展的不足，在展品及医学知识上都有了保证。三馆确立合作关系后，对展览的框架及内容进行多次讨论，迅速形成定稿并在数月内制作成展览向公众开放。

多馆协作在后期宣传上也得以体现。在"积健为雄"展览推出的同期，岭南金融博物馆也推出"利济人群——近代广州的卫生消费"展览，广东中医药博物馆推出中医抗疫史展览。三馆联合宣传，拓宽了宣传途径，产生了较好的效果，展览的影响力也随之提升。

六、结语

社会热点项目的陈列展览是博物馆最具吸引力、最有经济价值的展览选题，因为它与社会最贴近，适应社会的发展，是广大民众了解、关心的内容[13]。"积健为雄——近代广州的卫生治理"展览是辛亥革命纪念馆为应对新冠肺炎疫情这一特殊紧急事件，践行博物馆社会责任，基于自身定位在充分考虑民众需求的基础上的成果。通过历史与科普并举，线上线下联动的模式，激励观众参与，调动观众的视觉、听觉、触觉等多重感官，以更好地向观众传达展览的理念和思想，使观众能够科学认识疫情、应对疫情、战胜疫情。"积健为雄"亦是近代以来我国卫生事业发展的缩影，将卫生与国家民族相联结，是新时期做好爱国卫生运动，坚持以人为本，建设健康中国的有益实践。展览以其富于知识性、趣味性的特点，回应了民众对所面临重大社会问题的疑惑，满足了民众对精神文化的需求，获得观众的认可，对于博物馆的社会影响力以及品牌价值的塑造，都是一次成功的尝试（图1～18）。

辛亥革命纪念馆供稿

---

12. 陆建松：《博物馆展示需要更新和突破的几个理念》，《东南文化》，2014年第3期。

13. 齐玫：《博物馆陈列展览内容策划与实施》，文物出版社，2009年，第9页。

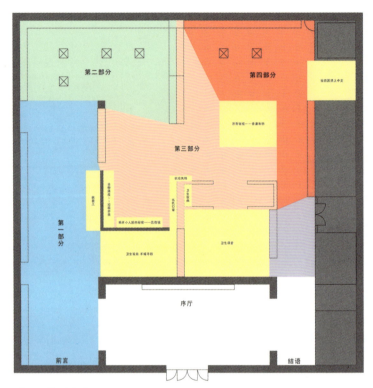

图 1　展厅布局

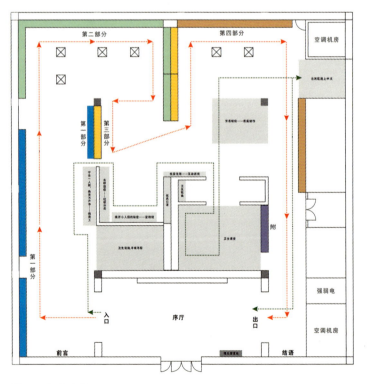

图 2　参观动线

图 3　序厅

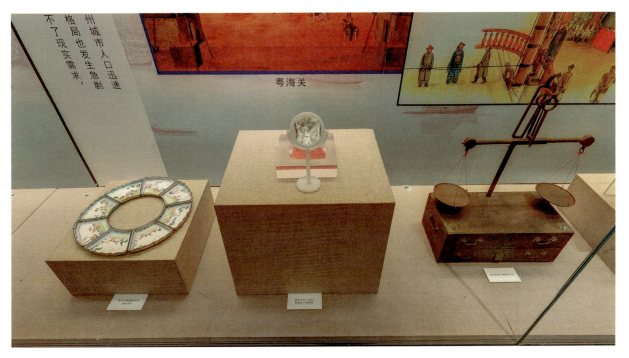

图 4　展览文物组合

图 5　展厅空间

图 6　重点文物

图 7　卫生设施　羊城寻踪

图 8　宁肯一人脏，换来万户净——挑粪工

图 9　祛秽逐疫——垃圾分类

图 10　揭开小人国的秘密——显微镜

图 11　芳香祛疫——香囊制作

图 12　卫生学堂

图 13 "积健为雄——抗疫科普篇" 西藏林芝巡展　　图 14 "清洁一夏" 西藏林芝中学卫生用品制作

图 15 "我的健康生活" 第五期学堂乐歌

图 16 "心肺复苏"卫生急救知识培训

图 17 文创手提袋

图 18 "抗疫先锋"游戏

广东民间工艺博物馆
GUANGDONG FOLK ARTS MUSEUM

立体呈现历史与艺术，讲好保护与传承故事

《百粤冠祠——陈家祠及岭南建筑装饰艺术》的亮点与特色

为了让文物"活"起来，在对全国重点文物保护单位陈家祠的历史与建筑艺术展示中，融合文物保护和非物质文化遗产传承内容，并在扎实研究的基础上着重讲好陈家祠保护传承的故事，我馆陆续调整与改造常设陈列《百粤冠祠——陈家祠及岭南建筑装饰艺术》，并于2018年至2020年间策划与完成该展览第一部分的《百年陈氏书院》图板灯箱展示、第二部分《岭南传统建筑装饰艺术》以及数字体验馆。该展览在选题策划、展陈设计、宣传教育、虚拟展示、文创开发等方面都有其亮点和特色。

展览内容基于我馆长年对广州合族祠、对陈家祠的历史与保护研究以及对岭南传统建筑装饰工艺的田野考察成果，全方位呈现历史、艺术、文化、古建筑及其保护、非物质文化遗产传承等丰富信息，具有较高学术与文化价值。展品围绕陈家祠建筑及馆藏建筑构件文物，突出文物复原保护及非遗工艺传承与展示，兼顾建筑构件的类型及装饰工艺的代表性与多样性，既呈现陈家祠建筑精华与历史场景，又能对比反映广府与潮汕地区传统建筑装饰艺术的不同特色。形式设计与展览制作上，为直观呈现全面、丰富、多层次的展览知识内容，为观众打造近距离、沉浸式的观赏体验，展览采用了古建筑实体展示、场景复原陈列、建筑构件复原展示、图板灯箱展示以及视频、互动一体机等丰富多彩的展示手段，并创新性地引进虚拟现实（VR）、增强现实（AR）、三维数字沙盘等数字化展示，同时结合北斗卫星系统、建筑振动及白蚁活动监测系统等动态监测手段对陈家祠古建筑（含展厅）实施预防性保护。

围绕与配合展览的策划、制作与推出，我馆在2018年至2020年间共于16家媒体与平台进行宣传推广。2020年新冠肺炎疫情防控期间，我馆注重开拓新媒体、新平台宣传；同时推广线上虚拟陈家祠全景导览，让广大公众足不出户，即可通过电脑端与手机移动端欣赏展览，畅游陈家祠。

2019年至2020年间，我馆共举办了8种（系列）包括学术讲座、研学、探索营、展览讲解与宣讲在内的趣味性与知识性结合的教育活动，极大拓展了展览的受众范围。

我馆开发展览配套的文创产品共32种，以低定价为主，结合少量高档精品；产品类型丰富，涵盖文具、日用品、玩具、配饰、食品、礼品等，满足不同市场需求。2018年8月至2020年12月文化产品销售量达19.5万件，销售额506.7万元，其中优秀产品获得多个国家级和省级奖项。

根据观众满意度调查结果，观众对展览尤其是《百年陈氏书院》"非常满意"及"满意"的总比例超过90%。2019年至2020年间，讲解批次达11901次（其中英文125批次），重要讲解接待43批次（含三级以上接待14批次）。

一、弘扬岭南建筑装饰艺术精粹，讲好保护与传承故事

陈家祠是全国重点文物保护单位，被誉为"岭南建筑装饰艺术的明珠"。作为她的守护者，我馆有责任向海内外观众呈现其历史文化、保护历程及其代表的岭南建筑装饰艺术精粹，为传播与弘扬优秀传统文化做出贡献。

展览第一部分为《百年陈氏书院》，通过对陈氏书院（陈家祠）古建筑的展示、结合图板灯箱中的多种珍贵史料以及场景复原，让观众走进陈家祠百年沧桑故事里，体会古建筑的结构功能、装饰艺术、历史意义、文化底蕴，了解文博工作者长期不懈保护与活化利用文化遗产的努力。第二部分为《岭南传统建筑装饰艺术》，是第一部分的拓展与延伸，为第一部分提供了更丰富、更整体的知识与文化语境；通过运用场景、实物、视频、虚拟展示等多种手段，对比展示广州地区与潮汕地区的传统建筑装饰艺术，让观众近距离欣赏各具地域特色的传统建筑文化精粹。此外，借助数字化展示设备，提供包括陈家祠百年历史故事、陈家祠建筑装饰等在内的展示与体验内容。

在文字说明方面，基于常年对陈家祠及岭南建筑装饰的田野考察与学术研究成果，全方位呈现历史、艺术、文化、古建筑及其保护、非物质文化遗产传承等信息，知识量大；同时，结合历史图片、建筑测绘图、三维扫描和建模等手段，可观性强。

在展品选择方面，围绕陈家祠建筑及馆藏建筑构件文物，兼顾类型及装饰工艺的代表性与多样性，既呈现陈家祠建筑精华并进行场景复原；又精选不同功能的建筑构件，涵盖多种装饰工艺，对比广府与潮汕地区建筑特色。

二、立体呈现陈家祠历史，沉浸式体验艺术魅力

该展览设置在陈家祠主要厅堂内，陈家祠既是展览的核心"展品"，又有最具特色的氛围和最具美感的环境。我馆最重要的工作和任务，就是做好陈家祠的保护和利用。因此，展览在形式上既要符合文物建筑保护的要求，保持陈家祠的"原真性"，又要考虑如何让观众更易理解，做到知识性和可观性相结合，欣赏陈家祠这颗独一无二的"岭南建筑艺术明珠"的历史与艺术魅力。

该展览基于陈家祠的古建筑空间布局进行规划，一方面保持陈家祠的"原真性"，对古建筑进行原状展示、场景复原，给观众以"原汁原味"的历史文化氛围体验；另一方面注重古建筑的保护，充分、合理利用有限的空间进行展陈制作。

首先是注重展览空间在历史和建筑上的功能。例如，展厅一（首进头门）、展厅二（聚贤堂）和展厅三（祖堂）以场景式展示为主，避免破坏古建筑的整体空间效果，力求保留和呈现这些空间的历史与文化氛围。其次，在受到厅堂面积较小、古建筑安全保护等各方面限制的前提下，在相应空间合理利用多样化展示手段呈现历史文化信息。例如，在展厅二（聚贤堂）和展厅三（祖堂）使用了场景复原、神案与神龛复原以及灯箱展示；在展厅四（《岭南传统建筑装饰艺术》陈列）内既有建筑构件复原展示与灯箱展示，又有封闭的展柜陈列建筑

构件文物展品。

再者，在展线、展项设计及参观氛围营造方面，综合运用多样展示设备，实现了古建筑实体与构件文物展示、场景复原、建筑构件复原、图板灯箱、视频、VR 与 AR 数字化展示等丰富、直观的展示手段，效果层次多样，营造"原汁原味"的历史文化氛围及沉浸式的参观体验。例如，在展览第二部分《岭南传统建筑装饰艺术》（展厅四）的建筑构件复原展示，现场安装了灰塑脊饰与嵌瓷盾顶，直观呈现广府、潮汕地区传统建筑装饰艺术的典型，为观众提供近距离的参观体验。同时在现场配备了灰塑和嵌瓷两种装饰工艺的视频介绍，将展览与作为非物质文化遗产的建筑装饰工艺的活化利用与传承保护融于一体。又如，梁托、花板等构件采用特制固定展具悬挂于展板上进行展示；特制梁柱模型展架展示石雕柁墩；特制灯箱展示玻璃刻画满洲窗的透光效果等。

该展览制作施工和展览维护方面，将文物保护与复原展示紧密结合，也是一大亮点。其一，利用陈家祠原神案构件复原祖堂 5 套神案，并根据史料与实物复原神龛。其二，复原广府地区与潮汕地区典型的建筑构件，一方面增强古建筑的原真性和完整性，另一方面通过聘请国家级非遗传承人用传统工艺复原青砖山墙、陶塑瓦脊和灰塑基座，玻璃刻画满洲窗、嵌瓷墙头等，再现岭南传统建筑中的构件和装饰。其三，展览引进先进技术结合人工巡查检测，对古建筑及展厅环境进行全面、

动态的监控维护。引进北斗卫星导航系统、振动监测和白蚁监测系统，监控古建筑的裂缝、位移、沉降、应力变化及白蚁入侵情况。

此外，在虚拟展览方面，由于馆址陈家祠是全国重点文物保护单位，展览总体设计思路是以保证文物建筑安全为前提，同时努力突破古建筑空间有限的难题及实物展示手段的限制，打造一个文化信息足、技术含量高、交互手段丰富的数字化空间，力图让观众获得更为全面、丰富的陈家祠历史与建筑艺术知识，从而提升我馆展示与宣传教育的整体效果。虚拟展览以"身临其境的数字化环境"为导向，以"历史叙述和场景复原"为核心，以智慧博物馆建设为目标，我馆将数字技术与历史文化相结合，融合环幕投影、三维数字沙盘、虚拟现实（VR）、增强现实（AR）、触屏互动、智能语音、虚拟全景游览等丰富的技术手段和交互内容，让观众通过沉浸体验了解陈家祠百余年历史与岭南建筑艺术。观众可通过手机"扫一扫"主题 AR 明信片"七绝贺福"，与 AR 卡牌互动；可头戴虚拟现实设备，体验"时光穿梭"，回到百年前的陈家祠及历史上陈氏族人的生活与故事当中，以亲历者的视角，感受陈家祠的历史魅力；可以站在三叠屏前体验三维数字投影沙盘，为陈家祠百年风雨历程及建筑全景所震撼；可以通过全景导览系统，在电脑平台或者移动终端获得一份陈家祠的实景地图，实现馆内自主导览。此外，古建筑整体的三维模型也为进一步

学术研究和文物保护提供资料基础。

三、宣传教育丰富多彩，全方位扩大展览影响力

从 2018 年常设展览补充改造策划起至 2020 年，我馆共在 16 家媒体与平台进行宣传推广，宣传报道数量 29 篇。其中包括《人民日报》《羊城晚报》《广州日报》《中国文物报》，新华网、中央电视台、南方 Plus 新闻资讯平台（南方报业传媒集团官方新闻客户端）、今日头条、弘博网等多家重量级媒体与平台，并充分利用我馆微信公众号、微博等自媒体平台进行推广。2020 年新冠肺炎疫情防控期间，我馆注重开拓新媒体、新平台宣传，开展展览云导赏、古祠微课堂等线上导览活动，通过快手、抖音、哔哩哔哩等网络平台发布线上导赏、陈家祠建筑装饰解读、手语导览等视频共 17 个。除了媒体宣传，我馆还采用了其他宣传形式，例如出版科普书籍《带你走进博物馆——广东民间工艺博物馆》；制作《陈家祠的故事》等宣传视频和《陈氏书院的由来》等宣传动画，在馆内视频与屏幕设备以及虚拟平台播放。

展览的教育活动有以下特色：一是针对大学生、中小学生、党员、妇女、亲子家庭、长者、研究人员、民间工艺爱好者、残障人士等不同年龄、不同层次、不同类型与需求的群体，与羊城晚报社、荔湾语言与戏曲艺术团、广州市聋人协会、广州大

学市政技术学院、广州市文化馆、暨南大学、国家级非遗传承人、民间工艺大师等多家机构及个人广泛开展合作，极大拓展了展览的受众范围。

二是活动形式丰富多彩，包括学术讲座、研学、探索营、展览讲解与宣讲等多种趣味性与知识性并存的形式。其中极具特色的是结合展览设计了教育品牌项目《灰塑探索营》，由国家级非遗传承人面向不同群体受众授课和示范工艺制作。此外，还配合活动制作印刷了面向青少年群体的教育活动手册，以活泼生动的形式进一步传播、拓展相关知识。

三是各种活动广受欢迎，取得良好成效和热烈反响。在2019年至2020年间，共举办线上、线下平台的教育活动（系列）8种，其中线下活动参与人数541人次，线上活动参与人数143614人次。

展览的讲解服务及观众满意度同样有亮点。展览讲解队伍18人，志愿者讲解员123人，提供中英双语讲解与语音导览。2019至2020年间，讲解接待共11901批次，其中英文125批次，重要讲解接待43批次（含三级以上接待14批次）。据2019年12月至2020年1月期间《百粤冠祠——陈家祠及岭南建筑装饰艺术》基本陈列观众满意度调查分析，接受调查的观众中，有428位

（35.1%）观众对《百年陈氏书院》陈列印象深刻，在我馆所有陈列中是人数最多的一个。观众对该展览的综合满意度为4.47分（满分5分）。从《百年陈氏书院》陈列各要素的满意度比例看，观众对各展览要素的评价都非常高，"非常满意"及"满意"的总比例在90%以上。

此外，展览还配套开发了丰富的文创产品，并多次获奖。共开发32种，以低定价为主，结合少量高档精品，满足不同市场需求，2019年11月至2020年12月文化产品销售量达1.549万件，销售额69.4821万元。产品类型丰富，涵盖文具、日用品、玩具、配饰、食品、礼品等；元素突出，从艺术纹饰、建筑造型、文化内涵等多个方向进行开发；艺术性、实用性与教育性结合，注重时尚，获得多个国家级和省级奖项。2019年5月20日《暗八仙系列胸针》获第十五届中国（深圳）国际文化产业博览交易会"中国工艺美术文化创意奖"银奖。2020年5月"陈家祠积木"在广东省文旅厅指导，广东文创联盟和南方报业传媒集团主办的全省博物馆文创精品线上"打榜"活动中获选为"十大人气文创"之一（图1～20）。

广东民间工艺博物馆供稿

图1 展览第一部分《百年陈氏书院》——首进正厅大门门神

图2 展览第一部分《百年陈氏书院》——首进正厅木雕屏门

图 3　展览第一部分《百年陈氏书院》——聚贤堂复原陈列

图 4　展览第一部分《百年陈氏书院》——聚贤堂复原陈列

图 5 展览第一部分《百年陈氏书院》——祖堂复原

图 6 展览第一部分《百年陈氏书院》——图板灯箱展示

图 7 展览第一部分《百年陈氏书院》——图板灯箱展示

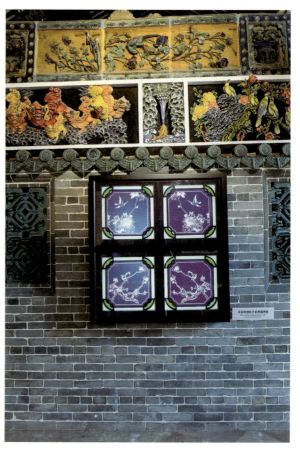

图8 展览第二部分《岭南传统建筑装饰艺术》——建筑构件复原展示

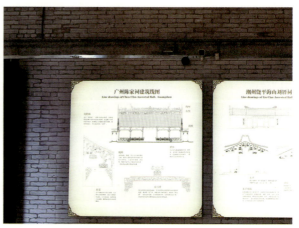

图9 展览第二部分《岭南传统建筑装饰艺术》——多媒体展示

图10 展览第二部分《岭南传统建筑装饰艺术》——建筑线图灯箱展示

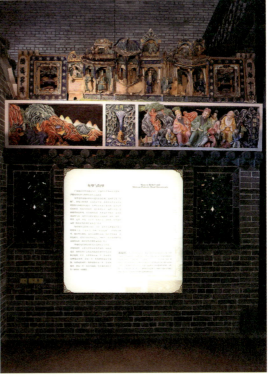

图 11 展览第二部分《岭南传统建筑装饰艺术》——建筑构件复原展示

图 12　展览第二部分《岭南传统建筑装饰艺术》——广府传统建筑装饰

图 13　展览第二部分《岭南传统建筑装饰艺术》——潮汕传统建筑装饰

图 14　展览数字体验馆——
增强现实（AR）设备

图 15　展览数字体验馆——三维数字沙盘

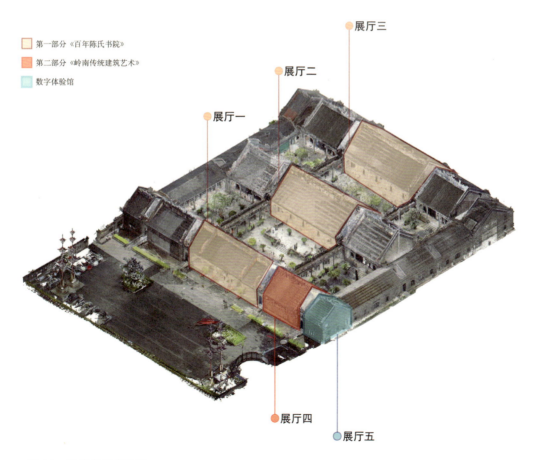

图 16　展览空间布局图

图 17 "公益文化春风行·文旅小小导赏员（陈家祠站）公益夏令营"活动

图 18 陈家祠古建筑主题研学活动

图 19 灰塑探索营活动

图 20 陈家祠主建筑立体拼图（陈家祠积木）

珠海博物馆
ZHUHAI MUSEUM

展示珠海历史　提升城市品位

——珠海博物馆展览赏析

　　珠海博物馆是珠海市人民政府主办的地方性综合博物馆、国家二级博物馆，是伴随着珠海经济特区的建设和发展而成长起来的城市博物馆，全面展示珠海历史和珠海改革开放的发展成就。珠海博物馆新馆坐落在珠海市香洲区美丽的情侣路和海虹路交会处，依山面海，毗邻海天公园，是珠海市"一带九湾"风景的重要节点。作为珠海重大文化项目，博物馆与规划展览馆珠联璧合，以"龙头凤尾"之势，共同讲述珠海的过去、现在和未来。两馆与珠海大剧院（日月贝）隔海呼应，构成"一院两馆"的文化地标体系，彰显着珠海城市文化的魅力。

一、精选十个专题，讲述珠海历史

　　珠海博物馆总建筑面积 33565 平方米，展陈面积 8000 平方米。位于三楼的《珠海历史》是珠海博物馆的基本陈列，展览面积 2166 平方米，展线 425 米，展出文物（标本）数量 422 件。展览首次完整呈现了珠海的历史演变过程，基本满足观众全面了解珠海历史进程的需求。展览自 2020 年 11 月 3 日正式开放以来，接待观众总人数为 1132936 人次，其中未成年人 168546 人次，港澳台同胞 14069 人次，外籍人士 1702 人次（截至 2023 年 12 月 28 日），取得了良好的社会效益。

　　《珠海历史》展览按历史逻辑分为"珠海通史""海洋纪事"两大主题。"珠海通史"设计为大型环场年表，年表沿墙面环场一周，背景上海天

图 1　珠海博物馆《珠海历史》展厅

地景横向绵延，一气呵成，从公元前 4450 年起，以编年体方式讲述珠海历史的变迁，时间跨度长达 6000 年，完整概括性地陈述城市历史。"海洋纪事"通过"岛民遗风""盐与城""海战风云""海贸要道""风起浪涌船帆扬""留学少年郎""香山商帮""岛屿烽火""特殊使命""一路走来九艘船"等十个专题故事，点面结合，详细展示每个历史阶段的亮点和重点，涵盖政治经济风土人文等多个方面，深受观众喜爱。

《岛民遗风》重点突出珠海淇澳岛后沙湾遗址的三个文化层及出土的代表性文物彩陶圈足盘、白陶豆；宝镜湾岩画和遗址更是浓墨重彩，宝镜湾藏宝洞东壁岩画、西壁岩画一比一复原呈现，让观众身临其境；宝镜湾遗址出土的南海北部地区最大的石锚及大量石网坠、精美水晶块、玉玦、陶釜、陶罐、陶杯等，全面展示宝镜湾的文化内涵；近年考古发掘的淇澳小沙澳湾遗址也得到关注，数十件陶器、石器首次成体系展出。这一主题展览镌刻着新石器时代晚期南越先民向海而生、向海而兴的印记（图 1）。

《留学少年郎》是珠海博物馆的品牌展览。通过大量的历史图片以及各个版本的《西学东渐记》，还有曾国藩的奏折等等，重点反映容闳一生在"办洋务"，推动西学东渐中的多个重要历史贡献——远渡重洋到美国去购回"制造机器之机器"、首倡创立中国轮船公司、促成派遣幼童赴美留学计划落地、调查秘鲁华工受虐待案等；同时也反映了留美幼童在推动中国近代化进程中所起的积极作用。

《海战风云》重点突出十字门海战及崖山海战，讲好文天祥过零丁洋以及陆秀夫、宋帝昺"蹈海殉国"的故事。两军交战已湮没在时光的长河中，但珠海平沙出土的大量宋元文物，仍在诉说着当年激战的历史。本馆二楼《古今珠海人》展览就展示

了南宋赵氏后裔的迁徙、繁衍和世代传承史，呼应了宋元角逐这一重大历史事件。

而《盐与城》突出了香山建镇、香山建县的源与流；《海贸要道》可追溯至西汉时期外伶仃岛采集的"朱师所治"陶片；水上人家的苦难史、香洲开埠的创举、中山模范县的尝试……都在多个主题展中得到充分展示。

大家看完《珠海历史》展览之后，至少记住几句关键的话：史前的珠海，有过亮点；中古的珠海，有过悲壮；近代的珠海，有过觉醒；当代的珠海，正在领先。这是爱国爱乡的生动教材，也是各学校开展社会实践和研学的宝贵资源，目前珠海博物馆已和多所学校签订了馆校共建协议书，各种馆校共建活动正如火如荼开展中（图2、3）。

图2　珠海博物馆《珠海历史》展厅

图 3　珠海博物馆《珠海历史》展厅

二、动静结合，实物与数字化技术互动展示

　　珠海博物馆展览展示空间为模块化设计，展线自由，文物展示排布开放灵活，后续优化更新空间宽裕。为让观众有更直观的观展体验，采用多种展示手段。如三楼的《海战风云》，配合展览设置还原宋元海战情景的大型实景沙盘，配以悲壮的背景音乐、互动投影解说等，让观众仿佛置身1279年崖门战场的那一天；有按等比例复制的疍民船，真实展现了水上人家的生活场景；《岛屿烽火》将拱北炮台山拉塔石上的瞭望塔"搬"到了展厅，有一股冲天之感，给人视觉冲击力；白石街牌楼也"建"

在展厅，霎时回到道光十三年前的淇澳岛抗英战场。还有在煮盐锅中演示煮盐过程的动画，为观众还原数百年前香山盐丁的工作情形。在传统展览方式的前提下，通过科技化手段与观众互动交流，提供更多不同的观展方式，增进观众的观展体验（图4、5）。

三、融入生活，赋予文物活力

　　一是配合展览推广，珠海博物馆设计了一批有珠海历史元素的文创产品，包括宝镜湾岩画主题环保袋、馆藏文物主题明信片、笔记本、雨伞等。

图 4　珠海博物馆《珠海历史》展厅

图 5　青少年参观珠海博物馆

2023年，珠海博物馆《文创卷轴——石溪摩崖石刻》作品荣获2022—2023年度广东博物馆文创精品推介活动优胜奖、"珠博印象"系列文创作品获"第五届粤港澳大湾区文化创意设计大赛"文化遗产创意产品设计作品组优秀奖。

二是依托展览内容，配套举行了青少年教育活动，发掘馆藏文物科普价值，如青少年拓印体验、考古发掘体验和文物修复体验、装裱体验等，截至目前已先后组织了1000余场次青少年教育活动，其中在拓印体验中以珠海书法家鲍俊的《景贤谷仓碑记》复刻石碑最受欢迎，拓印次数最多。活动覆盖珠海市内在校的大、中、小和幼儿园学生，取得了

很好的社会反响（图6）。

四、不断完善，提升展览质量

2023年12月，珠海博物馆对基本陈列展览进行了提质升级改造，历时近一月时间。提质升级后，珠海博物馆在展厅《岛民遗风》板块新增了宝镜湾岩画1:1场景复原（图7），给观众带来沉浸式体验，满足观众留影打卡的需求，同时对展厅的动线进行规划调整，设置投影灯，以便更好地引导观众深入观展。本次提质升级设计别出心裁，让珠海博物馆的功能进一步完善，展览形式焕然一新。

图6 珠海博物馆拓印体验活动

图 7　宝镜湾岩画场景复原

　　展览从珠海历史出发，引导观众探索和思考"人口移民""文化交融""爱国心、强国梦""特区发展"等深刻影响珠海历史、仍与当代生活息息相关的课题。通过珠海地区历史，尤其是特区发展的历史，讲好中国故事，在回顾历史的过程中充实自身、展望未来（图8～13）。

珠海博物馆供稿

图 8　展览观众参观照片

图9 珠海博物馆《珠海历史》展厅

图 10　珠海博物馆《珠海历史》展厅

图 11　珠海博物馆《珠海历史》展厅

图 12　珠海博物馆《珠海历史》展厅

图 13　珠海博物馆《珠海历史》展厅

《银银生辉　烁烁其华——19 至 20 世纪中叶银器精品展》策展思路

　　《银银生辉　烁烁其华——19 至 20 世纪中叶银器精品展》是鸦片战争博物馆推出的原创性专题展览，该展览于 2019 年 9 月 28 日至 12 月 31 日在海战博物馆一楼临时展厅展出，展览面积 857 平方米、展线长 155 米、展览互动项目 15 项、社会教育活动 32 场次。该展览持续三个多月，接待观众 150 万多人次，并于 2020 年荣获"广东省第三届陈列展览精品展"称号。

一、展览选题

　　中国银器制作的历史十分悠久，夏商时期就出现了最早的中国银器，在此后的两千多年里，银器因材质稀少珍贵、色泽纯洁柔美而一直受到人们的喜爱。18 世纪以后，随着新航路的开辟，东西方文明交流逐渐加强，中国制造的银质餐具、茶具、酒具、名片盒等外销商品逐渐受到西方社会的青睐。银是贵金属，是清代社会通用货币材料。一口通商时期，为了换取茶叶、瓷器、丝绸等外销商品，西方商人将美洲生产的大量白银输入到中国，致使国内白银购买力不断下降。为了提升白银价值，中国商人将部分白银转化为西方人喜欢的日用银器，赋予了中国传统制银工艺，其经济价值远大于原材料。中国外销银器以工艺精湛、价格低廉、品质优异赢得了西方人的喜好，铸就了我国外贸史上的"白银时代"。

　　近些年，国内一些博物馆曾举办过很多银器类专题展，这些展览大多都从外销银器的工艺、冶炼、贸易、纹饰等展开叙述。是延续深入挖掘内容还是另辟蹊径？如何再次策划好银器类型的展览？从哪一个角度切入才能避免展览的同质化？鸦片战争博物馆始终认为做好内容是一个展览的核心，针对我馆大量的参观群体定位，选择了服务于更多观众的策展提案。不是传统灌输式介绍，而是从观众感兴趣的点去解读，这也成为贯穿这个展览的宗旨，力求把展览打造成为选题新颖、展品精良、背景丰富、故事生动的可看性展览！

二、展览内容及展品

《银银生辉　烁烁其华——19 至 20 世纪中叶银器精品展》在内容设计上从解读白银本身的特性入手，以"识、制、品、留"从银子自身属性优势、冶炼来源、制作工艺、独韵匠心等方面讲述近代外销银器背后的故事。该展览精选中国港口博物馆、宁波希尼艺术品收藏有限公司和我馆所收藏的银器精品 427 件，追本溯源认识中国白银的发展由来，领略古代银匠令人惊叹的智慧和创造力，探讨外销银在中西交往中发挥的重要作用，让更多观众了解、感受非遗项目的魅力，更好地保护和传承非物质文化遗产。

展览通过多媒体互动项目、数字三维技术、动画游戏互动体验等方式，设置散点错落式"轻互动"项目。从视、听、触、感、全方位体验贯穿于整个展览中。以文物展品为核心展示了文物历史生态，增强互动效果，渲染氛围。

银属于贵金属，是国家通用货币材料，作为财富象征的白银为什么会成为外销商品？它有哪些属性优势？它又是怎么来的？展览第一部分"白月生辉流若银——识银"从白银的全球流通、价值变化、自身属性优势、冶炼来源等方面展开研究，从根本上回答了作为贵金属的白银为什么能够发展成为外销商品这一核心问题。

表1　"白月生辉流若银——识银"单元展示内容

展品组合	主题	展品	反映内容
1.1	白银为什么会成为商品——它要转型升值	东印度公司银币多枚、1840 年维多利亚女王银币、16—18 世纪世界白银出口、接收图表，白银购买力数据，清代银锭、欧洲茶叶罐、咖啡具、花鸟纹银碟、鸡尾酒瓶、名片盒等。	白银作为商品的价值属性。
1.2	白银为什么会成为商品——它有先天优势	自然银、银矿石、银原子示意图、清银市井摆件、银餐具、船模等。银金属元素活动表、银茶船等。	白银天生的物理属性。
1.3	白银是怎样被人们获取的——它从冶炼而来	银石矿洞开采图组，清双龙纹银托、杯，天工开物银矿石开采图组，清银花插、银夹子、银方盒等。	银的化学属性及冶炼过程。

展览第二部分"精雕细琢匠心韵——制银"联合有着百年历史的庆美银楼，将传统手工制银选料、化银、锻打、下料、加工、焊接、酸洗、抛光等过程用工序图片和视频记录相结合的方法展示。又把中国银匠在加工银器的过程中，运用的捶揲、累丝、鎏金、镀金等银艺加工技巧结合文物对应展示。

表2　"精雕细琢匠心韵——制银"单元展示内容

展品组合	主题	展品	反映内容
2.1	银器是怎样炼制而成的——银器的制作	原始银器制作的工具、半成品，走街串巷用的银器货挑、化银炉、干锅、铁钳，银锁半成品一套，银器工坊传统银器流程图。	通过对传统银器工坊的展示，还原传统银器制作工序12个步骤和使用的工具。
2.2	银器有怎样的加工技艺——银器工艺	浮雕纹饰银器，捶揲纹饰银器，花丝、鎏金银器，錾刻、镂空工艺银器，珐琅、点翠、压花纹饰银器。	通过对应纹饰文物介绍银器丰富多样的加工技艺。
2.3	银器产品产自哪里——银楼银标	不同时期银铺图组、银楼分布列表、银标款识、西方银质马克杯。	通过认识银标了解银器的产地和身份。

展览第三部分"意趣相融巧装扮——品银"深刻解读银器图案纹饰，突出中国传统"图必有意，意必吉祥"的这一特点，展示银匠对器物的造型、装饰纹样的精巧设计。展览提取银器纹饰图案，深入解读银纹背后故事，体会19到20世纪银器使用蕴含的独特魅力。

表3　"意趣相融巧装扮——品银"单元展示内容

展品组合	主题	展品	反映内容
3.1	银器图案有什么寓意——图必有意、意必吉祥	梅兰竹菊纹饰，梅纹银瓶、竹纹笔筒，龙纹银碗，凤凰纹名片盒，手绘银纹白描图，福禄寿星纹饰盒等。	反映清代纹饰的不同寓意，都有吉祥意味。
3.2	银器有何用途——使用、陈设	生活场景，餐饮图照，银质餐具、咖啡具，女性银质装饰用品等。	反映同时期对银质用品和美好生活的追求。

展览第四部分"毓秀银辉妆素裹——留银"，从银器的发展和传承入手，主要笔墨放在如何鉴定保养银器。从认识不同年代、不同地域、不同民族所创造的不同的银器文化，结合传统和现代的不同方法判断银器的老新、真伪、纯度。在环境布景上用艺术钢笔画还原创作了清代银器商贸街铺。

表 4 "毓秀银辉妆素裹——留银"单元展示内容

展品组合	主题	展品	反映内容
4.1	鉴银有道	鉴定法则图表，清珐琅鸦片盒，花鸟人物徽章银壶、银叉等。	鉴定银器老新的方法。
4.2	养银有方	保养银器方法图照、银器调料盒、民国银纹盒、德国纯银水晶天鹅盐瓶、现代银质作品等等。	保养银器的方法和现代对银器的传承。

《银银生辉　烁烁其华——19 至 20 世纪中叶银器精品展》展览内容设计有三方面特点：

特点 1：选题新颖，切入点独特。

展览以"白银为什么能够发展成为外销商品"为起点，燃起了观众的好奇心，拉开了展览的序幕。四个部分，四种疑问，从白银最朴素的本质、银器精雕细刻的技艺、银器纹饰的吉祥寓意，再到银器传承的文化含义，疑问一重又一重，不断激发观众的探索技能。

特点 2：展品丰富，突出文物内涵。

展览展示银器类别涵盖咖啡具、茶具、餐具如琉璃内胆镂空碗等实用器，奖杯、纪念碗、花瓶、寿星等装饰器，以及镜子、粉盒、胭脂盒等女士随身用品。除了精致展品，我们更围绕文物展开深入研究，在知识驿站讲述银器含义部分，以"揭开银饰背后的故事"为主题，设置知识 iPad 屏展示模式，使知识的传播更具趣味性，让静止的文物不再单调乏味，赋予文物以"生命"。

特点 3：另辟蹊径，深挖与众不同。

银器制作工艺是金银器展览中最容易俗套的地方，几乎每个展览都有。但是在展览中真正还原传统银器制作场景和加工步骤却是很有难度的，本展览联合一所"百年银楼"还原传统银铺的场景和制作，将老银匠制作银器的设计图、做一把银锁的步骤工艺都对应展示，突出细节，打动观众。

三、展览设计与制作

坚持内容的重点即为设计的亮点，在展览设计过程中，紧扣展览大纲，以内容为中心，用形式凸显内容，用设计解读内容，实现内容与形式的完美结合。

（一）围绕主题，精心营造环境氛围。

整个展览从门口到前言部分以及宣传册都选用宝蓝色作为基调营造高贵典雅氛围。在导言和展板设计上延续提取银器纹饰的设计风格，利用展厅墙壁进行拼接制作。展览第一部分用月白色、浅蓝底结合的展板，与展览第一部分"白月生辉流若银——识银"对应。纯洁干净的展板效果与白银银光素雅的样貌相得益彰。第二部分"精雕细琢匠心韵——制银"部分以米黄色做展板背景色，突出传统银器制作的古朴性，在工艺中体验非遗传统工艺的精湛。第三部分"意趣相融巧装扮——品银"以古典宝石绿为基调，通过设计把观众引入一个传统19世纪中叶欧洲上流社会高贵典雅的氛围中。第四部分"毓秀银辉妆素裹——留银"，以宫墙红为基调，营造出一个热烈的气氛，与银器商贸街的气氛一脉相承。

（二）视、听、触、感、全方位互动。

全面调动观众的视觉、听觉、触觉，把体验式参观贯穿于整个展览中。例如，观众可以观看古法银锭制作视频，进一步了解银器的制作工艺；可以亲手触摸原始银矿石的质感，感受银最初的模样；可以通过智能显示屏进行"银价换大米3D天平游戏"，在与大米的换算中，轻松了解白银价格；可以在制银区域手工敲打银标烙印，感受白银的质地，了解制银的工艺；可以以18世纪至19世纪欧洲生活场景为背景模拟贵族拍照，体验银器时尚流行下的西方贵族生活；还可以在"清代银器商贸街"游览，获得穿越到清代银楼街市的体验，让历史得到更加鲜活的再现，也让展览真正走近观众，让观众真正走进白银的历史。

（三）善用空间，营造场景代入式。

对原有互动区进行改造，把《天工开物》图录中关于白银开采部分用立体板展示凸显；利用好展台空间，我们将每个展板按顺序介绍古代各个制银

步骤。展柜配套展示了银器制作的传统工具，让观众逐步了解工艺流程；在主展线上，主要突出展品的内涵，紧贴大纲把内容尽量表现得通俗易懂，邀请非物质文化传承人拍摄银饰制作流程，图片与文字相结合使观众产生制作兴趣；在场景化设计中，尝试了搭建架子制作复古展板的风格。采用场景还原设计了高7米，宽4米的"凤翔银楼"老照片背景墙，为第二部分传统银器制作呼应；在过道穿插着18世纪至19世纪欧洲人民的生活场景艺术画，让观众更能理解欧洲的用银文化。运用空间的设计，同样做一比一的真实西方场景摆设展示，配合真实的场景把文物展品带入其中。

四、展览教育与宣传推广

围绕《银银生辉 烁烁其华——19至20世纪中叶银器精品展》陈列展览，通过多种渠道，拓宽宣传面，扩大宣传效果，增强展览辐射力和影响力，提升社会效益。本次展览突破以往单纯展厅参观互动的模式，更多地融入了多媒体资源，将传统文化加以现代手法，推出与银相关的系列活动。

（一）别样互动，教育体验丰富多彩。

（1）与"银"相关的各式体验活动。展览开幕前，通过对展前不同人群的调研，由社教团队开发设计了与银器相关的体验类、文化类、竞技类的教育活动32个。如："我和银器有个约会"——

银器手工制作体验、银饰的摩登时代——DIY银饰、修辞中的银——讲述词汇中的银历史、"银品生活"——银茶具银餐具下午茶体验、"还我漂漂拳"——银饰修复与保存等内容丰富、形式多样、针对不同人群的系列活动。

（2）花式银器展览开幕式。银器展开幕当天将推出一系列活动，如融汇舞蹈、音乐与武术于一体的情景表演剧《如果银器有生命》；"芳华"模特队带来的银壶走秀；非遗传人的制银技艺展示；以及鉴定专家现场为市民鉴定和清洗银器；策展人带你解读银的前世今生等精彩纷呈的开幕式活动。

（3）开展专家讲座和学术交流活动。银器展开展期间，针对银器传承和制作方面专业人士的看展需要，特开展了专家讲座，如《传统金属工艺在现代银质首饰设计制作中的运用》，同时邀请首饰设计专业的学生和艺术爱好者前来参加。在展览结束后，收集观众、同行的展览意见，开展展览汇报总结会。

（二）立体宣传，多种方式推广。

（1）传统媒体与新型媒体并重。整个展览在宣传上不忽视传统纸媒、电视、广播媒体，又重视展览开幕式直播、展览短视频、展览纪录片，在微信、抖音等平台进行投放。其中微信公众号新媒体平台宣传多达65次，电视台、报纸、广播平台宣传26次，抖音、今日头条、哔哩哔哩视频转播29次。另外在展览展出的最后一个月，东莞电视台今

日莞事节目专程找到我们，针对"白银和民生关系这个知识点切入"为展览做了一次专访。

（2）用影像资料记录永久性展览。展览策划前期就洽谈了专业的影像制作团队，对展览策划、观众调研、文物采集、文物交接、展厅改造与布展都进行了拍摄，再剪辑、制作成展览宣传片、策展纪录片、文物科普短视频、活动纪录片等等，并将影像资料进行投放和传播，这为有限的展览延长了无限的观展时间。

（3）打造生动有趣的宣传文稿用于网络平台。紧抓展览宣传稿件，将宣传稿件内容做得有趣、接地气，展览推文设计了生动形象的中西方"银小姐"，用手绘动漫版面推出展览预告"银"生如戏，以及其他较为有趣的推文，受到很多观众的转发点赞。还推出了"白银变身记""时尚界的白富美"等微展览内容，为展览打造了精良的宣传文稿。

（三）匹配优势资源，借助社会力量办展览。

（1）引入非遗企业，延伸展览内容。在筹备展览期间，通过多家甄选联合了深圳市的区级非物质文化企业——"庆美"银楼合作。这家银楼的前身可以追溯到清代嘉庆年间的银铺和手工制银的货挑，为传统银器手工制作提供了传统银铺场景照片和制银传统工具，在展示的同时让观众互动体验"打银"。以博物馆为主，联合合作方为辅，既补充了展览内容，又达到了共同宣传的目的。

（2）流动银器文化展览走进万达广场。将银器展浓缩成文化展览走进了虎门万达广场，万达广场拿出一个主通道作为此次银器文化展的场地。文化展融合 iPad 移动文物资源、视频、游戏等项目，让市民在万达广场也能享用一场文化大餐，文化展开幕还在广场中庭举办隆重的开幕仪式和体验活动，周末时还在万达展区配套举办银器鉴定、清洗、DIY 手工等惠民活动。

（3）研发设计了多款与银器相关的衍生产品。为了让银器之美延伸到日常生活中，我们联合文化传媒公司研发设计了书签、明信片、记录簿、银质杯子、银质摆件等多款衍生产品。

五、小结与思考

《银银生辉　烁烁其华——19 至 20 世纪中叶银器精品展》一经开展，观众纷至沓来，3 个月接待观众 150 万人次。展览受到广大观众的热切关注，取得了良好的社会效益。这源于展览选择观众感兴趣的点去切入，将普通的器物型展览做得更接人气，从观众的角度多维度地诠释和解读。为了打造"不一样的银器展"，我们进行了广泛的资料查阅、参观走访、实地考察，看看别的银器展是什么样的；我们也回归银器本身，研读专业书籍资料，深入研究银和银器，全面探寻银和银器的本质和历史文化意义；我们还向不同的观众群体进行调研，了解大家对银器展的期待和需求。经过 16 次参观考察、

3000 多份观众调研、49 次热烈讨论、12 版方案修改后，我们终于呈现出了它该有的样子。

经过策展，我们反复总结和思考，什么样的展览才是一个好的展览呢？首先展览的内容定位要有新意、展品精良、展示直观。本银器展是选择了普通主题不普通切入点的方法，发出"作为财富象征的白银为什么会成为外销商品"的疑问。这个值得思考和研究，却难以找到答案的问题，成功点燃了观众的好奇心，再层层深入，选择种类丰富精良的展品立体化、多维度展示。

其次，好的展览要设计精巧，空间利用合理。银器展览充分运用展厅空间，恰如其分安置展览内容、营造展览氛围、增强互动体验。在空间的运用上，注意展柜内外相呼应、空中与场景展柜相结合，充分发挥空间的可用性，实现设计的巧妙性。

再者，好的展览通过展示手法满足观众的需求和内在体验。银器展一方面打造沉浸式体验空间，以银器造型为主角，通过设计背景巧妙运用空间格局，装饰隔断形式展示空间，搭建互动可触摸的银矿石互动展示区，吸引观众参与其中，通过短视频学习传统的银锭加工工艺；另一方面推出参与式互动，在欣赏精美银器的时候，观众只需要一台手机扫描二维码就可以参与线上设置的三维银器小游戏。搭建了 18 至 19 世纪西方贵族银质生活场景的拍照区，观众可以透过情景再现来了解银器对当时西方的生活产生的影响；针对低龄小朋友做了银器黑白纹饰涂鸦区域。设置墙面留言区，为观众参

观展览提供一个即时点评平台。

最后，好的展览要突出展览的艺术性和展览高度。本展览通过讲好银器的历史文化传承的意义，在银器本身器物美、价值美、制作精、传承优等几个方面向观众呈现出一场视觉上的盛宴，更通过在可观、可听、可触、可衡量、可感受的参观体验，让文物内涵由外向内、潜移默化地进入观众的记忆，引导观众对人、对非物质文化遗产的重视和传承，提升了整体高度。

《银银生辉　烁烁其华——19 至 20 世纪中叶银器精品展》展出期间得到了专家和观众的好评，但策展也不能做到面面俱到。

在制作和呈现的过程中，还是有着一些和预期有差距的地方，也会由此提出一些改良的想法和思考。

（一）评估参观人数，重视体验细节。

在展览中我们重视观众的参观体验，给予多重互动。因为参观量的大幅提高，十一假期 7 天，到馆人数高达 52 万人次。如此大的参观量导致展览里部分体验设备有损毁的情况，这一突发情况我们也预先考虑，每周都做展览维护。例如：银器敲打的锤子反复敲打会破损、银器拓银的印章连接绳会断裂。我们在修补的时候也思考过对材质的把控上可以更精良，通过更好地评估参观量来补充体验品，做到事先可控，更加重视细节。

（二）收集反馈意见，增加在线上的互动。

在展览有关银器三维游戏、二维码体验中，我们都设了展览意见反馈一栏，观众在看展览时、体验互动时遇到的一些情况和对展览提出的意见，事后我们有记录和解决，但是没有时时和观众去互动反馈，没有把握这样的一个机会窗口。这正是和观众建立连接的最好时机，可以更直观了解参观者的心声，根据和他们的互动能更好地发现展览存在的问题，提升观众的满意度，以便反馈好的声音，传达给其他人，这也是我们需要完善和注意的。

《银银生辉　烁烁其华——19 至 20 世纪中叶银器精品展》历经 300 多天的打磨精酿、15 位策展成员的通力合作，为大家呈现出：

一个深入调研、深挖内容、设计别致的展览；

一个巧借社会力量、活用社会资源、聚焦多重观众的展览；

一个苦心孤诣、精雕细琢、用心用力打造的展览。

在这个展览里，观众与文物联结，与历史对话，与传统相遇，让银器的历史文化，在传承之下熠熠生辉（图 1 ～ 18）。

鸦片战争博物馆供稿

图 1　内部通道

图 2　第一部分　白月生辉流若银——识银

图 3 "如果银器会说话"舞台

图 4 《银银生辉 烁烁其华——19 至 20 世纪中叶银器精品展》大门口

图 5 传统工艺放大

图 6 白银交换互动 3D 游戏

图 7 超级受欢迎的印制银纹体验

图 8 体验中西银标的敲打

图 9 引来无数银器爱好者

图 10　银壶制作体验现场

图 11　第三部分"有图必有意 有意必吉祥"

图 12　文物与场景的完美结合

图 13　欧洲的银器时尚

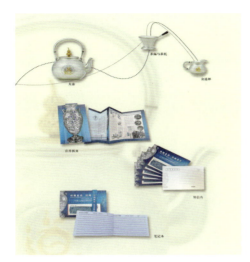

图 14　文创产品

图 15　模拟欧洲家庭的银器用品场景

图 16　讲解员为游客讲解银器展

图 17　银矿石触摸区域

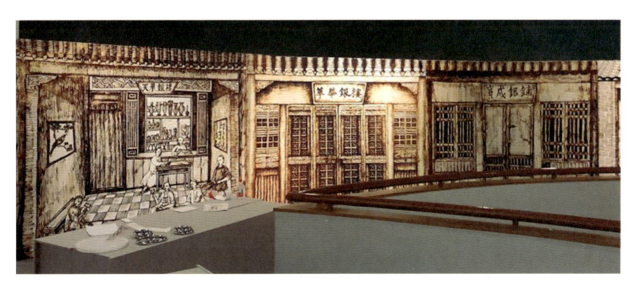

图 18　银器街钢笔画还原银铺场景

GUANGDONG MUSEUM OF REVOLUTIONARY HISTORY

广州 1949——庆祝中华人民共和国成立暨广州解放 70 周年展

为庆祝中华人民共和国成立 70 周年，响应中共中央关于开展"不忘初心、牢记使命"主题教育的决策部署，贯彻落实中共中央关于"把学习党史、新中国史作为主题教育重要内容"的要求，广东革命历史博物馆策划原创大型展览"广州 1949——庆祝中华人民共和国成立暨广州解放 70 周年展"。展览于 2019 年 10 月 1 日至 12 月 31 日在广州起义纪念馆展出。2021 年 5 月荣获"第三届（2019—2020 年度）广东省博物馆陈列展览精品奖"。

一、展览选题

本次展览是广东革命历史博物馆十年内策划的第三个以"广州解放"为选题的展览。展览以"老城市新活力"为主题，将宏观视野与微观叙事相结合，讲述广州解放和城市建设初期不同人物群体的故事，展现羊城焕新生的历史。展览选题之意呼应了习近平总书记对广州提出的"老城市新活力"的时代要求。

二、展览内容及文物展品

本次展览以 1949 年为时间节点，分为"解放广州"和"建设广州"两个部分，展示广州解放及城市初期建设的全过程。在叙事逻辑上，以人物群体为线索，分为"进击""声势""配合""暗战""集结""接管""建设"7 个单元，通过 207 件／套实物展品、172 张历史图照、6 组音频影像资料，立体、生动展示广州解放的历史，达到见人见事见精神的效果。各部分主要内容如下：

第一部分："解放广州"。辽沈、淮海、平津三大战役之后，国民党统治集团在军事、政治和经济上已濒临绝境。1949年2月，国民党中央党部迁至广州。4月，人民解放军解放南京后，挥师南下，横扫敌人残余势力。为配合和支持大军南下，广州城内外各方力量齐心奋战、声援造势，一起迎接广州解放。

此部分分为"进击""配合""声势""暗战"4个单元，展示人民解放军、广州郊县人民武装、广东党组织、广州地下党员在广州解放过程中发挥的力量和作用。

表1　"解放广州"部分展示内容

单元	主题	展示内容/主要展品
第一单元	进击	1949年10月2日，广东战役正式打响。面对据守华南的国民党残余势力，人民解放军以摧枯拉朽之势一路南征。 本单元分为"敌我力量""战士行装""南征考验""追击战场""革命纪律"5组内容，展示中国人民解放军南下解放广州的过程。展出文物包括解放军战士穿戴使用过的蓝色棉布军帽、棉布沙鞋、呢子大衣、麻袋、毛毯、搪瓷口盅以及拾获的香烟盒、军事学习笔记本等。
第二单元	配合	以粤赣湘边纵队东江第三支队和广州东北郊人民游击队为主的广州郊县人民武装，在广州外围进行卓有成效的武装斗争，瓦解地方反动武装，为南下解放军入粤作战扫除障碍。广州外围人民群众积极响应党的号召，筹集粮草物资，抢修道路桥梁，为解放军提供向导和联络人员等，形成一股声势浩大的迎军支前热潮。 本单元展出文物包括公粮债券、拥军模范旗、北江第一支队政治部迎军支前指示信等。
第三单元	声势	为迎接中国人民解放军南下，宣传中国共产党的城市政策，广东各地党组织通过张贴标语、散发传单等形式，在人民群众中广泛开展迎接大军的宣传活动。 本单元集中展出广东各地党组织印制的传单、标语、口号38张，包括"人民解放军是人民的子弟兵"标语、"紧急动员起来迎接南征大军"等，结合制景、图文板，展示广东各地群众在党组织的领导下，为迎接南下解放军，积极开展宣传攻势，为广州解放营造声势的故事。
第四单元	暗战	在人民解放军到达广州前，广州地下党组织以保卫人民生命财产安全为目标，将工作重点放在迎接解放、护厂护校、准备接管等方面，与国民党反动派展开了一场规模宏大又极其隐蔽的地下斗争。 本单元分为"建立秘密外围组织""潜伏敌内""护厂护校"3组内容，展示广州地下学联、地下党员和全市人民以实际行动迎接广州解放的事迹。展出文物包括《断炊快报》结束号、《广州文摘》、广州五仙门电厂工人护厂斗争用的蒸汽喷嘴、掩护广州地下党活动用过的饼缸等。

第二部分："建设广州"。广州解放，结束了国民党在广州的反动统治，翻开了广州历史崭新的一页。为做好城市接管工作，中共中央和华南分局集结训练了一批南下接管干部队伍。在"将革命进行到底"的号召下，南下干部满腔热情加入革命队伍，投身祖国南方的建设事业。在中国共产党的领导下，广州人民

与全国人民团结一致，医治战争的创伤，荡涤旧社会遗留下来的污浊泥水，以主人翁的姿态去建设新家园，千年古城焕发出新的活力。

此部分分为"集结""接管""建设"3个单元，展示南下干部、接管队伍、广州人民在城市接管和建设新广州过程中发挥的力量和作用。

表2 "建设广州"部分展示内容

单元	主题	展示内容／主要展品
第一单元	集结	为做好城市接管工作，中共中央和华南分局集结和训练干部队伍。在"将革命进行到底"的号召下，以南下工作团为代表，来自五湖四海、风华正茂的年轻人，满腔热情集结加入革命队伍，准备投身祖国南方的建设事业。 本单元分为"干部准备""学习训练""随军南下"3组内容，展示以南下工作团为代表的知识青年响应党的号召、投身革命洪流的事迹。展出文物包括南下工作团臂章、南下工作团毕业纪念章等。
第二单元	接管	接管是城市管理与建设的第一课。广州解放后，南下解放军与广州地方党组织建立联系，大批人员迅速投入到紧张的城市接管中来。华南分局、广州市军事管制委员会组织了3000多名工作人员，对全市33个区及各机关、事业单位进行了全面接管。 本单元分为"政权接管""人员接管""稳定秩序"3组内容，展示在广州市军事管制委员会的统一领导下，接管干部队伍被分配到各系统、各区，全面开展接管工作的过程。至1949年12月初，共接收600余个单位，旧有人员3万余人。 展出文物包括中共广州市委印制的接管增城县组织工作的介绍信、《接收工作经验》、《广州的学校及其社会教育机关》、《广州市的工商业》、《接管城市研究特辑》、广州市军事管制委员会公安纠察队臂章等。
第三单元	建设	解放之初的广州，百废待兴。中共广州市委、市政府带领全市人民，以极大的热情投入到新城市的生产和建设中来，规划美好家园，建设人民的新广州。短短一年间，广州解放前"灯不明""路不平""水不通"的市容市貌迅速得到改观，一个经济落后、民不聊生的旧广州，逐渐建设成为环境优美、充满生机活力的现代化城市。 本单元分为"旧貌焕新颜""建设生力军""时代新成就""新广州新活力"4组内容，展示在中国共产党领导下，广大工人阶级团结全市劳动人民，投入新家园的恢复和建设中的事迹。

三、展览设计与制作

本次展览位于广州起义纪念馆，馆址依托全国重点文物保护单位——广州公社旧址建立，两层展厅面积共600平方米，展线长225米。展览从旧址保护与展示利用相结合的角度出发，充分发挥旧址建筑空间布局特点，力求达到形式设计与内容的和谐统一。

在空间规划上，展览利用旧址本身楼层分区，将一楼设为"解放广州"主题展区，二楼设为"建设广州"展区，两层展厅间利用楼梯作为过渡空间，营造 1949 年 10 月 14 日广州解放、11 月 11 日广州解放入城仪式的空间氛围感，提升展览的整体节奏。在展线设计上，充分利用旧址原有支撑柱、门廊等进行流线规划，参观流线合理清晰。展线通道距离设计从人体工程学的角度出发，注重合理性和舒适性，给予观众充分的活动空间。在色调运用上，展览从旧址建筑主色调出发，整体设计以中国红、米黄为主色调，各部分图文版面设计通过色彩的明暗变化来凸显主题和风格，增强空间的视觉变化和感染力。

展览结合主题内容，重点设置了"声势""广州解放一年成绩单""巨变"等展项，提升展览的亮点和看点。"声势"展项以馆藏广州解放相关的一系列传单、标语文物为中心，结合制景造型，营造浓厚的历史氛围；"广州解放一年成绩单"以"数据＋文物"的形式，直观呈现广州解放一年来在建政、社教、公益卫生等方面取得的突出成绩；"巨变"展项紧扣"老城市　新活力"的主题，以视频影像的形式呈现新中轴线 20 年的一个个极具冲击性的变化瞬间，引领观众深刻回望广州城市的变化与发展。

四、展览教育与宣传推广

宣传推广和社会教育是博物馆工作的重要内容，也是博物馆实现办展目的、发挥社会效益的关键。"广州 1949——庆祝中华人民共和国成立暨广州解放 70 周年展"开展以来，广东革命历史博物馆围绕展览主题和公众需求，开展了一系列的宣传推广活动，举办了丰富多样的社教活动，取得了良好的社会效益。

媒体宣传方面。一是与主流媒体合作，对展览进行深度报道。展览开展前后，我馆与广州日报、南方都市报、信息时报等网络媒体和大众传媒合作，对展览进行全方面报道，报道媒体 28 家，宣传报道数量 30 篇。二是利用电台宣传、直播讲解等方式，推出策展人导赏、金牌解说活动 10 场，取得良好的宣传效果。三是利用本馆微信公众号、微博、官网渠道，推出展览相关活动及信息报道 15 篇，拓宽展览宣传的广度和深度，提高展览关注度。

观众讲解和服务方面。本次展览配备由专业讲解员和志愿讲解员组成的 16 人讲解队伍，在 3 个月的展期内，免费接待、讲解服务观众达 18 万余人次。馆内设有游客中心，并配备轮椅、婴儿车、医疗箱、充电宝等服务设施，根据观众需求免费提供相关服务。此外，展览推出"一张图教你看懂展览"、展览图册、展览台历等 5 种纸质宣传品，以图文并茂的形式向观众传递展览资讯，让观众可以将展览内容带回家。

社会教育方面。围绕本次展览，我馆举办了 1 场大型开幕活动，演出革命题材话剧、"我与共和国共成长"故事等节目。展览期间，为扩大社会影响，我馆与越秀区教育局、共青团广州越秀区委员会、少先队广州市越秀区工作委员会、广东广播电视台等单位合作，组织开展各类社教活动 16 场，参加人数 4 万多人。

虚拟展示方面。我馆推出"广州 1949"虚拟展览，2020 年春节期间作为国家文物局推送的首批全国博物馆网上展览资源之一，为观众提供线上观展服务。

五、总结与思考

"广州 1949——庆祝中华人民共和国成立暨广州解放 70 周年展"是广东革命历史博物馆在探索重要周年庆祝展览策展路径过程中一次非常有意义、有收获的尝试。本次展览从选题策划到实施布展，饱含了本馆策展团队成员的心血。展览开幕以来，得到社会各界关注，成为广东省、广州市各级党政机关、社会团体开展党员教育活动和广大市民开展庆祝中华人民共和国成立 70 周年、庆祝广州解放 70 周年活动的重要场所，有效地发挥了革命旧址陈列展览在展示、宣传和教育方面的作用。

展览荣获"第三届（2019—2020 年度）广东省博物馆陈列展览精品奖"，既是对本次展览工作的肯定与鼓励，也为我馆将来的策展工作提出了更高的要求。我们希望借此机会，总结策展过程中的经验与教训，为未来提升展览与观众服务质量做好准备（图 1～20）。

广东革命历史博物馆供稿

图 1　展览序厅

图 2　一层展厅实景

图 3　一层展厅实景

图 4　一层展厅实景

图 5　二层展厅实景

图 6　二层展厅实景

图 7　展览尾厅

图 8　人民解放军缴获的望远镜

图 9　中国人民解放军《约法八章》

图 10　掩护广州地下党活动用过的饼缸

图 11　东三支独立第二营第四连
第二排排长张成达的战斗日记

图 12　南下工作团毕业纪念章

图 13　广州市军事管制委员会公安纠察队
的臂章

图 14　展览开幕式

图 15　讲解接待

图 16　社教活动

图 17　社教活动

图 18　社教活动

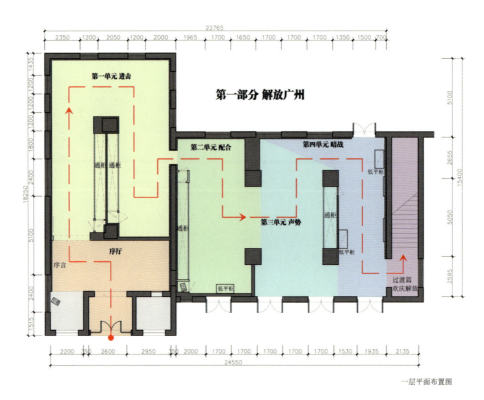

图 19　一层展厅

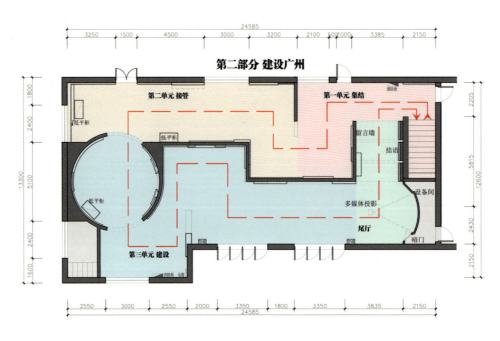

图 20　二层展厅

古虞名郡　风度韶州

——韶关古代历史文化陈列

"古虞名郡　风度韶州——韶关古代历史文化陈列"是韶关市博物馆基本陈列，于 2020 年 8 月在韶关市博物馆二楼第四展厅完成布展并对外开放，2021 年 5 月荣获"第三届（2019—2020 年度）广东省博物馆陈列展览精品奖"。

一、展览选题

韶关北接湘、赣，南连珠江三角洲，地理位置优越，被誉为广东省北大门，不但是岭南地区通往中原的重要通道，也是中原人南下的必经之地。早在 12.9 万年前，"马坝人"就在此开辟鸿蒙，距今约 6000 至 2700 年的石峡遗址则是岭南迄今所见新石器时代晚期最高等级聚落。韶关有着两千多年的建制历史，文化遗产丰富，地方特色浓郁，文

化底蕴深厚，在漫长的历史长河中先后涌现出开元贤相张九龄、宋代名臣余靖等杰出人才；明清时期，韶关是沟通南北的枢纽，也是海上丝绸之路的重要陆路节点，商运繁忙，朝廷在此设关征税，韶关之"关"因之得名。

韶关市博物馆原有人文历史陈列于 2003 年正式对外开放，展陈方式手段较为落后，展出文物也较少。2019 年，韶关市博物馆启动对原有人文历史展厅的改陈项目。

改陈后的新展取名为"古虞名郡　风度韶州——韶关古代历史文化陈列"。"古虞名郡"四字取自清代韶州府署前"古虞名郡"坊，"风度"二字为唐玄宗对韶州籍贤相张九龄之评语，"韶州"为韶关古代地名。

二、展览内容及展品

展览分为文明初现、岭南雄郡、人文高地、丝路重镇、善美故乡五个部分，前四个部分按照时间顺序展现了韶关从旧石器时代至清代的发展状况，第五部分则展示了韶关多民族民系开放、包容、多元的文化。比起旧的展览，改陈后的展览增加了文物展示的数量，一批馆藏精品文物在新展览得到展示。本展览选取展示的文物绝大部分出土于韶关，颇具韶关特色，有着较高的历史价值和人文价值。在展品的安排方面，坚持适当适量，充分考虑展厅空间，注重展品与展览内容的联系，重点展示馆藏的精品文物。

第一部分为文明初现。展示了从旧石器时代至战国时期韶关的历史，内容包含了开辟鸿蒙、文明曙光和百越杂处三个单元。开辟鸿蒙单元展示了旧石器时代马坝人遗址的基本概况、发掘研究和马坝人伴生动物群的情况；文明曙光单元包含了新石器时代晚期石峡文化和鲶鱼转文化类型的内容，其中石峡文化部分运用了最新的考古研究成果，反映了石峡文化中二次葬的情况、石峡遗址不同时期器物的特点以及石峡遗址中所反映的社会发展概况，辅助展出部分石峡遗址出土文物；百越杂处单元则展示了先秦时期韶关地区百越族群聚居时期文化发展的特点（图1）。

图1　第一部分"文明初现"展区

图 2 第二部分"岭南雄郡"展区　　　　　　　图 3 第三部分"人文高地"展区

第二部分为岭南雄郡。展示了韶关从秦汉到魏晋南北朝时期的建制沿革、社会生活、文化交流情况。内容包含始设郡县和崛起岭表两个单元。始设郡县单元展示了西汉元鼎六年（公元前111年），汉武帝平南越，在韶关地区设曲江县，这是韶关历史上有文献可考的首个行政建制，作为海陆通道的重要节点城市，韶关加速了对外文化交流，丰富的出土文物更是印证了这一阶段的社会发展状况；崛起岭表单元展示了魏晋南北朝时期因北方战乱，北人大举南迁，不少落籍韶关地区的北人带来了中原先进的文化和生产技术，促进了韶关地区社会经济文化的发展。类型丰富、数量庞大、弥足珍贵的出土文物，实证了这个时期韶关社会政治经济文化全面崛起，"诚岭南之雄郡也"（图2）。

第三部分为人文高地。反映了韶关地区在唐宋时期的发展，包含大唐风度和两宋风采两个单元。大唐风度单元展示了韶关籍盛唐名相张九龄的事迹和开凿大庾岭路的功绩，与此同时，六祖惠能开创的禅宗顿悟法门由此兴盛；两宋风采单元则展示了两宋时期韶关在岭南地区乃至全国经济、商贸中的地位，其矿产资源丰富、冶炼与铸造技术发达，文教兴盛，培育出一批以余靖为代表的国之栋梁（图3）。

第四部分为海丝重镇。反映了韶关地区在明清时期的发展状况，包含建关征榷、商贸繁荣和扬名海外三个单元。建关征榷单元展示了明清时期，尤其是"太平关"设立后，韶关地区作为岭南最大税关之一的太平关所在地，其江面货船往返，码头货运繁忙的景象；商贸繁荣单元展现了韶关商业会馆林立的情景，并用英翁会馆遗存木构件向观众局部展示会馆建筑规模。扬名海外单元则讲述了韶关籍名人陈璘、廖燕以及传教士利玛窦在韶关的相关事迹，突出明清时期韶关在海外的影响力（图4）。

第五部分为善美故乡。反映了韶关作为多民

图4　第四部分"海丝重镇"展区

图5　第五部分"善美故乡"展区

族民系聚居地的多元、包容、开放的文化，分为广府人发祥地、客家人聚居地、过山瑶祖居地三个单元。广府人发祥地单元讲述了自南宋后从珠玑巷迁往珠三角的广府人的状况；客家人聚居地单元展示了客家人聚族而居的生活习惯和独特建筑以及与客家礼俗有关的神龛、牌匾、礼盒等文物；过山瑶祖居地单元展现了乳源过山瑶独特的瑶族文化（图5）。

三、展览设计与制作

　　展厅面积650平方米，展线全长265米。如何在有限的空间、用有限的经费讲好韶关故事，让观众能快速并愉悦地了解韶关在不同时期的历史地位，是本次展览的核心点。展览以"小制作，大风度"为设计理念，从空间结构的划分、展板色彩的运用、灯光的配置、场景的还原以及多媒体音视频的播放到文物的摆放均进行精心地安排。

　　空间布局方面，整体结合实际建筑条件、人体工学及观众参观流线考虑，顺应建筑流线形态设置展墙结构，进行展区切分，展示主视觉高度控制在1.2米到2米之间（图6）。

　　形式设计方面，展览序厅选用韶关特色"丹霞红"为主色调，以"关、道"的历史特点设置序厅，

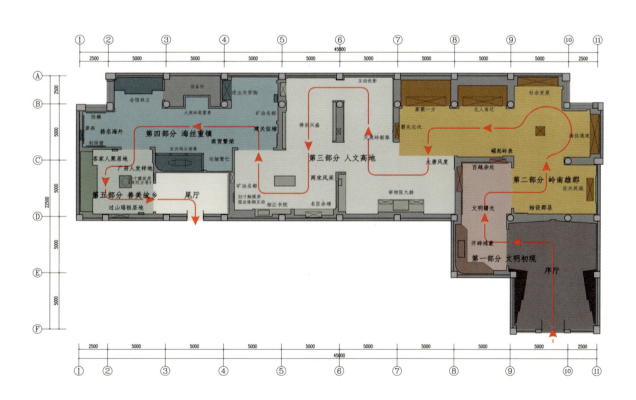

图6　展览平面布局及参观路线

整体设计为一座张开手臂迎接八方来客的关城形式，以"三江汇流、蜿蜒古道、扬帆远航"为设计元素，彰显了韶关"一头连着中原黄土文化，一头连着南粤海洋文化"的历史地位。序厅之后各部分分别选取不同的主色调，根据内容特性提取各个时期韶关文化视觉形象元素融入，塑造鲜活的韶关古代历史文化形象（图7）。

展项布置方面，场景复原巧妙结合文物，紧扣主题，使观众身临其境地感受韶关独特历史内涵。如马坝人头盖骨模型配套伴生动物群生活场景画，西晋酱褐釉陶犁耙田模型、东晋酱褐釉陶水田作业模型、东晋酱褐釉陶院落等魏晋南北朝时期的模型

器配套北人南迁沙盘和魏晋庄园层板画，咸丰八年码头告示碑拓片配套韶州东关码头货运场景等，使文物巧妙融入场景之中，还原文物历史背景（图8～10）。部分互动展项寓教于乐，湿法炼铜互动游戏再现宋代韶州岑水铜场的炼铜方式。

展览照明方面，展厅同时配备专业性博物馆照明设备，保障其以冷光源、无紫外线辐射的专业照明基础上，以能耗小、光利用率高、寿命长、照明效果好的灯光设备为选配原则；同时，引进光纤LED等新光源及其他结构多样、设计独特的灯具构件；除使用专业导轨式、嵌入式灯具外，根据展品器型特征、展品辅助展具、展品在展线中表现意

图7 展览序厅

图 8　东汉出土器物展柜

图 9　东汉胡俑座陶灯

图 10　东晋咸和二年青釉瓷狮形水注

义等，分别使用底光、侧光、顶光、漫射光和灯带等，恰到好处地诠释出展品文化内涵和形式表现艺术，给观众营造了较好的沉浸式观展体验氛围。

四、展览教育与宣传推广

展览于 2020 年 8 月 7 日正式对外开放，配备专业讲解员 6 名，每天开展 2 场定时讲解服务，并配有小讲解员 10 名在节假日提供志愿讲解服务，暑期开展延期开放，增加公益讲解场次。同时，我馆还着重从以下几方面积极扩大展览的社会影响力。

一是开发多款文化创意产品。以展览展出文物东晋咸和二年青釉瓷狮形水注为原型创作本馆吉祥物"乐憨兽"，衍生设计表情包一组 16 款，文创产品 6 款，同时结合节庆活动设计节庆海报，推出生肖印章 3 款，制作雕版画 5 款。此外，结合展览展出的东汉胡俑座陶灯、东汉歌舞陶俑、唐蕉叶形把铜执壶等文物，共设计徽章、帆布包、便笺纸、丝带等 12 种 23 款文创产品，兼具艺术性和实用性，广受好评。首推文创冰淇淋"憨憨"和"胡俑哥"，实力圈粉。关联开发的文创产品在小红书等自媒体平台受到观众青睐（图 11）。

图 11　展览衍生文创产品

图 12　传统乐器演奏活动

图 13　韶博之夜活动中，吉祥物"乐憨兽"在展厅与观众互动

图 14　讲解员装扮成"张九龄"与小小讲解员一同朗诵《望月怀远》

　　二是举办"韶博之夜"品牌活动。展览首次正式开放就在 2020 年 8 月 7 日对观众进行夜间开放，当晚省内外多家媒体对展览及相关活动进行宣传报道。此后，每逢元宵、中秋佳节，我馆都会依托该展览进行夜间开放活动，以赏灯猜谜、飞花令、投壶、歌舞会演、精巧手工等形式，传播具有韶博特色的传统文化活动。讲解员身着传统服饰，在展厅内与观众一同吟诵"海上生明月"诗句，极富地方特色（图 12～14）。

　　三是策划多场社会教育活动。结合"5·18 国际博物馆日"和"我们的节日"系列传统活动，提炼展览中韶关历史和特色文物元素，策划"大咖来了——馆长讲文物""文物少年说"等演讲、绘画、手工、科普知识讲座近百场活动，受到当地教育部门重视，组织青少年、亲子家庭踊跃参与。

四是在新媒体平台发布多篇推送。依托展览，先后发布韶关市博物馆文物会说话抖音小视频、韶关市博物馆"云打卡"H5页面，通过网络平台云游韶博的新型参观模式给博物馆注入新的活力，让博物馆直接走近大众，也让大众主动走入博物馆。

五是打造展览全景VR虚拟展厅。在博物馆公众号和网站建设"古虞名郡　风度韶州——韶关古代历史文化陈列"全景VR虚拟展厅，配套精品文物线上语音导览，使观众足不出户即可线上观展（图15）。

六是建设文物裸眼互动数字魔墙系统。展厅门口配置有可触控文物裸眼互动数字魔墙，通过触摸形式可以近距离了解文物情况，生动全面地展现文物的背景知识和细节（图16）。

五、小结与思考

展览自开展以来，得到广大游客和专家学者的好评。这主要得益于以下几个方面：

一是精心策划，细心打磨。展览作为韶关市博物馆的基本陈列之一，策展团队从资料收集、撰写大纲到展陈实施总共历时一年半，精心提炼韶关历史发展脉络中的关键节点和文化名片。展陈大纲编写过程中，还多次邀请专家实地指导，几易其稿。

二是设计布展，全面提升。新展增加了文物展出数量，配置了带有恒温恒湿功能的展柜，增加了多媒体互动和场景复原。改善了文物的展陈环境，

图15　"古虞名郡　风度韶州——韶关古代历史文化陈列"全景VR虚拟展厅

图16　文物裸眼互动数字魔墙系统

提升了观众观展体验。

三是创新形式，寓教于乐。展览开放之初便举行韶关市博物馆首次夜间开放，此后更是依托展览开展多场手工、讲座、研学等教育活动，开发文具、摆件等多款文创产品，极大提升了展览的社会影响力，展览热度一直居高不下。

由于受到展厅大小、馆藏文物和资金等的限制，展览仍有一些需要改善的地方。一是展览的展线不够，仍有不少与韶关相关的内容没能在展览内反映。二是展品分布不平均，受馆藏文物的数量与类型所限，展览唐宋部分、明清部分和善美故乡部分展品较少。三是资金有限，导致多媒体展项和复原场景仍然偏少，图文展板较多。

"古虞名郡　风度韶州——韶关古代历史文化陈列"荣获"第三届（2019—2020年度）广东省博物馆陈列展览精品奖"，对我馆而言既是激励，也给了我们一次全面总结的机会。未来，韶关市博物馆将在原有展览基础上，继续深入挖掘韶关地方文化特色和馆藏文物资源，优化现有展陈，持续打造更多富有新意的专题展览。让更多观众走进博物馆，让收藏在博物馆里的文物"活起来"，为韶关城市文化综合实力的提升贡献自己的力量。

韶关市博物馆供稿

廣州藝術博物院
（廣州美術館）
Guangzhou Museum of Art

立足本土，放眼全局

——以"领异标新——清代扬州画派精品展"为例

广州艺术博物院为国家重点美术馆，其前身是成立于1957年的广州美术馆。广州美术馆从成立之初就以中国古代书画作为收藏的重心。目前，广州艺术博物院古代书画藏品数量在全国美术馆中位居前列，其中明清及近代的书画尤为完备。在此基础上，广州艺术博物院每年都会根据本院收藏的特色策划不同专题的古书画展览，继"海上画派""金陵画派"之后，2020年又策划了"领异标新——清代扬州画派精品展"，希望借此次展览，全面梳理我院收藏的扬州画派作品，进一步加强对中国传统书画艺术的推介。

一、展览选题与学术定位

扬州画派在中国文人写意绘画发展的历史上，

曾经起到了重要的承上启下的作用。清乾隆时，画坛仍是正统派大行其道，但随着商品经济的发展和新兴市民阶层的推动，在东南重镇的扬州形成了一个疏离正统派艺术为趋向的画家群体——学术界称之为"扬州画派"。派中诸家继承了文人写意画的传统，不受正统派主流画风的束缚，领异标新，独辟蹊径，各自创格，在花鸟、人物、山水等题材上都有所创新，尤其在写意花鸟画方面表现最为引人瞩目。

到了晚清及现代，写意花鸟画从扬州画派之后继续发展，"跃登画坛的主将，执画界的牛耳"（俞剑华）。扬州画派中金农富有金石趣味的写意画，厚重古拙，不取纤巧流利，令齐白石、赖少其等深受启发；高凤翰、李鱓、黄慎、李方膺的大写意花鸟画则被赵之谦、吴昌硕、陈师曾、齐白石等继承

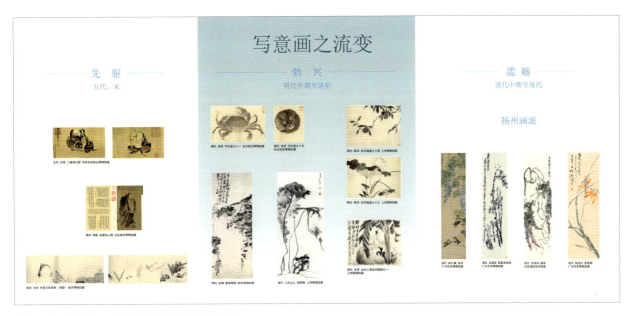

图1　辅助陈列：以图例展示写意画之流变

和发展；华喦兼工带写的花鸟画被王梦白、唐云、王雪涛等人发挥到极致；而黄慎的写意人物画也深刻地影响了海派"四任"等。可以说，扬州画派对近两百年的写意画发展影响巨大。

扬州画派的影响力并不局限于扬州，还远达岭南地区，其中黄慎和华喦的影响尤巨。黄慎曾到访岭南，他的写意人物画融入了草书狂放恣意的笔法，让岭南画家耳目一新。19世纪，岭南涌现了两位人物画大师——苏六朋和苏仁山，他们都间接受到黄慎写意人物画的启发。华喦工写结合的花鸟画一直深受岭南收藏家、画家所喜爱。清代时临摹华喦的作品成为很多岭南画家学习花鸟画的入门途径，如何翀、罗岸先、居巢、居廉、伍德彝、容祖椿、高剑父等，都从华喦的绘画中获益良多。另外，金农、罗聘、边寿民等也是岭

南画家学习的对象。故此，我们希望借着展览之机梳理岭南美术与扬州画派的关系。由此，从另一个角度探讨扬州画派对于中国书画艺术发展的深远影响。这样的策展思路也是作为地域美术馆的一次有益尝试，是对当前研究与展示扬州画派艺术的一个有益补充（图1）。

二、展览内容设计

这次展览内容主要为扬州画派的金农、郑燮、黄慎、汪士慎、李方膺、李鱓、高翔、罗聘、陈撰、高凤翰、华喦、边寿民、李葂、杨法等14位代表艺术家的书画作品。扬州画派虽然以"扬州"地名命名，却并非扬州地方画家的集合。

对于扬州画派的定义，我们参考了历年相关学

术成果，主要抓住了三个特点：

第一，从时代特征来说，扬州画派画家主要创作活动于康雍乾年间，主要活动地区在扬州（其中有扬州籍画家，例如高翔、罗聘；长期寓居扬州，靠卖书画为生的画家，例如郑燮、黄慎、汪士慎、李鱓、李葂；经常到访扬州，活跃于扬州的文艺圈的画家，例如金农、李方膺、陈撰、华嵒、高凤翰、边寿民、杨法）。过去曾有一些评论家将闵贞也列入扬州画派之中，目前由于没有发现闵贞有在扬州活动的痕迹，故此次展览就没有将其选入。

第二，从思想内容来说，扬州画派画家对于正统派末流所呈现的陈腐、僵化的弊端多采取排斥和否定的态度，在画面上常常表现出新的题材和意境。这群画家多是政治上不得意的文人，或不甘仕进，或被贬斥，或被迫害，因而心中多有抑郁不平之气。所以在书画作品中，常常流露出对民众生活疾苦的关切与同情，对于社会不公现象也有更直接的揭露和讽刺。由于志趣相投，扬州画派诸家之间交谊深厚，彼此惺惺相惜，常常诗画唱酬，互相切磋，互相影响，互相推崇，逐渐形成了一个思想相近、意气相投的朋友圈子，这也是后世评论家将他们并举的很大一个原因。

第三，从艺术风格来说，扬州画派画家主要继承了文人写意画的传统，特别深受青藤、白阳、八大、石涛等人的影响。他们刻意疏离主流的审美趣味，借着写意画抒发心中抑郁不平之气，其各种怪诞的风格都是对当时固化保守的主流文艺趣味的反叛，是其追求个性解放的精神投射。例如，正统派以山水称雄，扬州画派专以花鸟、人物见长。正统派以静为美，扬州画派却笔墨纵横跌宕。正统派尊古、摹古，讲究笔笔有出处。而扬州画派则注重创新，师古而不泥古，诸家各自创格，其风格或古拙天真，或奇崛狂放，或纵横驰骋，或秀润超脱……均不拘绳墨。同时，扬州画派诸家在文学、书法、金石各方面都有较为深厚的修养，作品多是诗、书、画相结合，构成一个综合的艺术整体，将文人艺术的特点发挥得淋漓尽致，对近现代写意画的高度发展产生非常深远的影响。

（一）展品遴选

此次展览在展品遴选方面主要从以下五方面考量：

（1）展品需丰富全面，涵盖扬州画派所有代表画家。

（2）展品能体现每位艺术家不同时期的艺术风格。

（3）展品不单体现艺术家的典型风格，还包括一些不为人熟知的题材与风格，充分反映艺术家的各种面貌。如黄慎在人物画方面成就广为人知，但山水、花鸟、书法方面则相对较少提及，此次展览涉及黄慎各个方面的作品，全面反映其艺术面貌和成就。

（4）展品能体现出扬州画派诸家交谊情况，反映画派形成的原因。如此次展览中，就有高凤翰赠给郑板桥的《松石书画卷》。观众也可以看到在李鱓作品《风雨蕉竹图轴》上，盖上了李方膺的闲章。高凤翰作品《草书题画诗卷》中提到了两淮盐运使卢见曾（1690—1768 年）在平山堂举办雅集的盛况。这些作品都见证了扬州画派诸家之间的情谊，以及当时扬州文艺圈的盛况，也使观众对扬州画派形成的原因有了直观的认识。

（5）展品体现出扬州画派与岭南美术的关系。如岭南画家招子庸的水墨螃蟹就受到了边寿民的影响。苏六朋和苏仁山的写意人物画也受到了黄慎、罗聘的影响。华嵒工写结合的花鸟画一直深受岭南收藏家、画家所喜爱。如此次展出的华嵒《杂画册》就是一直在岭南地区流传。

为了实现策展理念，丰富展览内容，广州艺术博物院商借了辽宁省博物馆、扬州博物馆的藏品。两家博物馆的收藏各具特色。辽宁省博物馆收藏的扬州画派书画多属名家名品，如金农的《花卉图册》、李鱓的《桃果花鸟图册》、郑板桥的《幽兰图轴》、华嵒的《啖荔图卷》等。由于扬州画派盛行于扬州一带，扬州博物馆的扬州画派收藏体系尤为完备，弥补了广州艺术博物院藏品资源上的不足。广州艺术博物院则充分利用自身藏品资源优势，从丰富的本土艺术收藏中精选出受到扬州画派影响的岭南画家作品，特设一个独立单元作展示，通过直观的对比，让观众了解扬州画派与岭南美术的关系。

此次展览荟萃了三家收藏，共计展出文物 126 件／套（实物 230 件），涉及了所有扬州画派代表性画家。珍贵文物占比也较大，其中一、二级文物占展品总数的 67%。有不少甚至是首次展出（图 2～7）。

（二）展览结构

策展团队根据展品的特点和策展思路，将此次展览展品分作三个单元。主展厅设在中国历代绘画馆，此展厅为复式结构，展厅面积 1600 平方米，展线 156 米。第一单元"扬州八怪"展品在一楼展出，主要展出金农、郑燮、黄慎、汪士慎、李方膺、李鱓、高翔、罗聘这八位最早被评论家并称的扬州画家的作品，他们之间交往颇为密切，其艺术风格最能代表扬州画派的艺术特点。第二单元"扬州画派其他画家"展品在二楼展出，主要为华嵒、高凤翰、边寿民、陈撰、李葂、杨法等人的作品。这几位画家的画风与"八怪"相近，也被列入扬州画派。第三单元"岭南回响"设在主展厅旁边的岭南馆，此展厅面积为 372.78 平方米，展线 58 米。此单元主要展出与扬州画派画风接近，或深受其影响的岭南画家的作品，如苏六朋、苏仁山、何翀、居巢、居廉、招子庸、高剑父、赖少其等，时间跨度从 19 世纪至现代（图 8）。

三、展陈设计

展陈设计主要考虑要贴合展览内容，并为观众

图2　存世作品较少的画家李葂《墨荷图》
　　　扬州博物馆藏

图3　反映郑燮早年书法风格的作品
　　　《楷书范质诫从子诗》
　　　广州艺术博物院藏

图4　黄慎写意花鸟画精品《柳塘双鹭图》
　　　辽宁省博物馆藏

图5　画风受黄慎影响的岭南画家
　　　苏六朋《二瞎图》
　　　广州艺术博物院藏

图 6 反映高凤翰与郑燮交谊的作品《松石书画卷》
扬州博物馆藏

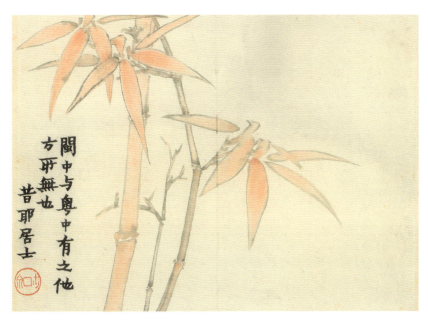

图 7 金农花卉精品《花卉图册》
辽宁省博物馆藏

图 8 展览分三个单元

营造一个能融入展品时代的情景体验。

场景搭建方面设计师主要以扬州园林作为此次展览场景设计的艺术元素。清代的扬州城经济繁荣，艺术市场发达，"贾而好儒"的盐商和生活富裕的市民阶层都有购买书画的需求，吸引了大批画家聚集于此。富裕的盐商们也好营造园林，并经常在优美的园林里邀请扬州的书画名家们雅集聚会，不少作品就诞生在这样一个环境之中。扬州园林在中国园林建筑史上久负盛名，造园风格讲究旨趣新颖，结构严密，在园林水景、园林山景的处理上尤有独到之处。目前保留较为完好的个园，为清代嘉庆时期扬州盐商所建，其建筑时间与扬州画派活动时间相近，成为此次展览设计师主要参考对象。为了带给观众以沉浸式的观展体验，设计师团队吸收了扬州园林中的圆拱门、荷花池、九曲桥、花窗、太湖石、竹影等元素作为了本次展览的设计卖点。

设计师考虑到文保安全，尽量减少展厅粉尘和有毒气体的残留，将大部分的场景搭建放在了展厅外长廊上，同时，也使观众在参观前就尽快融入古代扬州的地域情境之中。扬州园林以水景处理最富特色，设计师便在长廊搭建了园林一景——荷塘、九曲桥和白墙灰瓦，并将前言墙安排在白墙之上。扬州个园是以竹石取胜，连园名中的"个"字，也是取了竹字的半边，应和了庭园里各色竹子，体现了文人的情趣。设计师便以翠竹作为重要的装饰元素，在展厅不同地方布置以仿真竹子作为装饰，或以丝绢为屏，让竹子掩映在后，营造竹影婆娑的情

景，体现当时扬州文人的风雅（图9）。

展览标题和字体设计方面，由于扬州画派诸家都擅长书法，书体各具特色，设计师尽量参考每位艺术家的书法特点。展览的主标题，选择了扬州画派中最为百姓所熟悉的郑燮的字体。每位艺术家的简介都以艺术家的自书落款和印章作为装饰，充分体现他们的个人书法特点（图10、11）。

展厅内的展陈设计以简洁、雅致为主，不以过多的装饰喧宾夺主。展厅中央和展柜内穿插布置了竹造仿古家具，上面摆放了仿真盆景、仿古花器和仿真梅花等作为装饰，带出了古色古香的文人雅居的兴味（图12）。

四、展览教育与宣传推广

（一）公共教育

依托本次展览资源，广州艺术博物院策划了线上展览、学术讲座、编印图录、专家导赏、鉴定培训课程、探索体验等多个主题活动，以及微信公众号专题教育推文，线上直播等，线上和线下活动有机结合在一起，打造了一套完备、丰富、有趣的教育项目。

（1）线上展览

为响应文化和旅游部的号召，打破展览的时空壁垒，这次展览为观众打造了永不落幕的线上展览。线上展览以3D模拟现场实景效果，全世界观众都可通过网络欣赏到展览的所有作品，包括作品

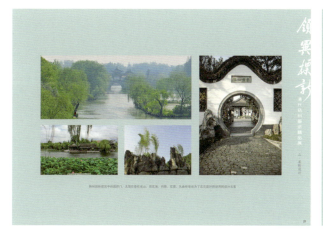

图9 展陈设计中扬州园林中的圆拱门、荷花池、九曲桥、花窗、太湖石、竹影等元素

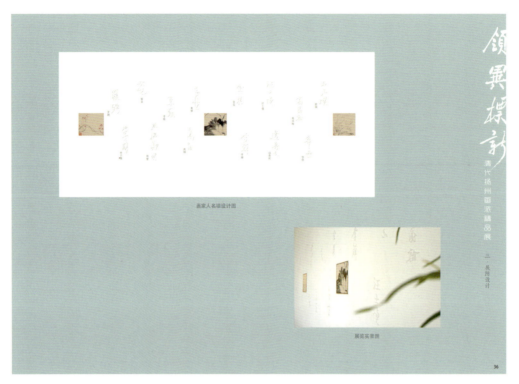

图 10　画家人名墙设计

图 11　公共空间海报设计，呈现岭南美术与扬州画派的关系，并引领观众进入第三单元展厅参观

图12　展柜内穿插布置了竹造仿古家具、仿真盆景、仿古花器和仿真梅花等作为装饰，带出了古色古香的文人雅居的兴味

的高清图片、详细的文字说明，语音导赏等。全部展品介绍内容都以中英文双语发布。观众可随时随地欣赏展览。线上展览浏览点击率累计达到140万人次。线上展览还有贴心的搜索功能，输入想查询的作品名称关键词或艺术家名字，即可获取展品详细的图文信息，其功能相当于小型线上藏品资料库。

（2）学术讲座和专家导赏

此次展览分别邀请广州美术学院陈衔副教授、扬州博物馆副馆长、高荣副研究馆员举办学术讲座。邀请本次展览策展人陈志云副研究馆员、广东省古籍保护中心秘书长林锐副研究馆员等专家学者参与"专家带你看展览"活动，为观众进行展览深度解读。

（3）鉴定培训课程

利用本次展览的机会，与荣宝斋画院合作，为收藏家和古书画爱好者学习鉴定扬州画派作品设计专题鉴定课程。

（4）编印图录

为配合展览，广州艺术博物院编辑出版本次展览图录，收入三所博物馆收藏的清代扬州画派精品近两百件（套），很多作品都是首次出版，具有较高的学术价值。

（5）提供不同形式的导赏服务

利用视频直播平台，为直播平台观众讲解展览及展出的作品情况；邀请志愿者讲解员，在平时的参观过程中，定时为观众讲解展览内容；每件展品都配有二维码，观众扫码便可获取展品信息，可留存或分享，还可收听语音导赏。所有内容均为中英双语。

（6）多种形式的教育活动

编印展览导赏册，引导观众了解展览学术定位。编印青少年教育册，着重介绍扬州画派的相关历史文化知识。利用微信公众号平台，为广大观众推送扬州画派相关的专业学术推文多篇。根据不同年龄层观众的需求，设计组织了八场公教活动，吸引了不少市民参与。

（二）宣传推广

这次展览宣传推广主要采取召开"新闻发布会"、"媒体专场导赏"、发布"学习强国"广州学习平台、运用"自媒体公众号"、拍摄"抖音短视频"、制作"展览专题宣传片"、制作动态海报和请柬，以及在地铁投放广告、设立网上展厅等多种手段进行，展览备受公众关注与好评。

五、小结与思考

广州艺术博物院是国家一级博物馆，也是华南地区最大规模的艺术类博物馆，每年都会策划不同专题的古书画展览满足广大市民的文化需求，并以

展览为契机，对本院的藏品进行系统整理，同时推动相关研究、出版、宣传、教育等系列工作。此次"领异标新——清代扬州画派精品展"展品珍贵，内容丰富，学术含量高，又经过各类媒体的宣传报道，社会反响热烈，吸引了省内外众多的书画爱好者，收藏家、大、中、小学校师生，各专业团体专程前来参观。观众在留言本上或网络上留下真挚的感言，不少研究古代美术和岭南美术的专家学者纷纷表示，展览的举办改变了他们对扬州画派固有的刻板印象，他们又有了不少新的学术发现。通过展览，引进了友馆的藏品资源，也令华南地区的观众，得以近距离观赏到各个地区博物馆收藏的精美展品。此次我们为观众打造了永不落幕的线上展览，网上浏览展览的观众数量众多，点击率达到了140万，甚至远超现场观众，对于扩大展览的影响力起到了很好的效果。

"立足本土，放眼全局"是我们近年策展的主要思路，一方面我们要向观众全面呈现扬州画派这一中国美术史上主流画派的艺术面貌，另一方面也注重梳理岭南美术脉络，关注本土文化发展。这次我们将晚清至现代深受扬州画派影响的岭南名家作品一同展示，展现岭南艺术家如何在对扬州画派画风的取舍过程中，体现出岭南人的文化秉性。

广州艺术博物院（广州美术馆）供稿

创新传播形式　活化文物资源

——以"红色热土　不朽丰碑"展览为例

广东是一片有着光荣革命传统的红色热土。南粤大地广泛分布着诸多红色文物资源，见证了中国共产党光辉的奋斗历程。毛泽东、周恩来、刘少奇、朱德、叶剑英等老一辈革命家在党的带领下前仆后继、浴血奋战，谱写了感天动地的革命史诗，铸造了永不褪色的红色丰碑。由广东省委宣传部、广东省委党史研究室、广东省文化和旅游厅主办，广州市委宣传部协办，广东省博物馆承办的"红色热土 不朽丰碑——中国共产党领导广东新民主主义革命历史展"已于 2021 年 6 月 29 日至 11 月 17 日在广东省博物馆展出，共开放 122 天，接待观众 302547 人次。由于其新颖的陈展方式和卓越的宣教效果，该展览成为广东省委宣传部、省文化和旅游厅公布的庆祝中国共产党成立 100 周年 38 个推介精品展览之一，入选 2021 年广东省弘扬社会主义核心价值观主题展览推介，荣获第四届（2021—2022 年度）广东省博物馆陈列展览精品展（省级），入选国家文物局"弘扬中华优秀传统文化、培育社会主义核心价值观"主题展览重点推介项目（图 1、2）。

图 1　入选国家文物局"弘扬中华优秀传统文化、培育社会主义核心价值观"主题展览重点推介项目

图 2　观众打卡展览重温入党誓词

一、精心打磨大纲，确保扎实支持展览活化

为全面展示中国共产党在广东的光辉革命历程，总结广东党史所昭示的宝贵经验和精神特质，该展览聚集了全省文博、党史部门负责人以及党史专家，形成了一个阵容强大、研究实力过硬的策展团队。在策展的过程中，团队广泛搜集和辨识史实和史料，反复打磨展览内容，旨在确保大纲在专业性和准确性的基础上更深入浅出，提高展览的可读性和亲和力。在图片资料的收集方面，策展团队得到了全省各地文博部门的协助，挖掘出许多珍贵的历史照片和资料。同时，烈士后人和革命后代也为

展览提供了许多珍藏的照片，丰富了展览的内容。例如，在第五部分"为广东的解放而战"中，展览展示了由广东南路部分人民武装骨干队伍组成的中国人民解放军桂滇黔边纵队的珍贵照片，由时任司令员庄田等人的后人提供。此外，许多宝贵的历史档案是由基层党史工作者从民间征集而来，首次在观众面前展示。通过专家组的反复审核和多次修改，最终形成了展览大纲，总字数超过 6 万字，这也成为团队党史研究的一项成果。例如，对粤北地区大埔、兴宁、平远等 11 个县（市、区）"中央苏区县"的史料挖掘和呈现，不仅是广东党史研究的重要新成果，填补了党史研究的空白，还得到了中央党史研究室的认可。这种严谨的学术态度为

展览的后期陈列设计和宣教方面的创新提供了基础性支持，坚守了展览的意识形态教育和传播的根本使命（图3）。

二、挖掘党史亮点，让红色文物讲述历史

红色展览作为传播红色文化的重要载体，肩负着传承并宣传官方话语的政治使命。作为红色展览展示场域的博物馆，需要重点思考如何充分挖掘和激活红色资源，将红色展览以既深刻又生动的形式呈现在观众面前。展览首次尝试将广东党史中的亮点提炼为多个"广东党史中的全国第一"，例如：1922年，第一次全国劳动大会在广州召开；1924年，大元帅大本营铁甲车队——中国共产党直接掌握的第一支革命武装由中共广东区委组建；1927年，中国第一个县级苏维埃政权——海陆丰苏维埃政府诞生等。这样的亮点能够很好地引发观众的认知，产生视觉冲击，留下深刻印象。

展览不仅内容出新，展品之"新"也让观众大饱眼福。展览遴选广东省博物馆及省内各地市23家文博单位的文物201件/套、图片史料700余张，系统展示新民主主义革命时期中国共产党在广东的抗争历程。在展览中，观众可以近距离欣赏到周恩来赠送的红毯、叶挺使用过的指挥刀、彭湃所著的《海丰农民运动》、曹安"省港罢工工人凭证"等珍贵文物。广东省博物馆馆藏的"红色经典"书画作品也首次面向观众展出，旨在让文物更好地

图3 第五部分"为广东的解放而战"展示了中国人民解放军桂滇黔边纵队的照片

"诉说"红色历史。

为做好展览讲解接待工作，满足广大观众的文化需求，广东省博物馆在展览配备讲解员的基础上，结合党史学习教育的"我为群众办实事"活动，还成立了一支由广东省博物馆在职党员和大学生志愿者组成的"红色志愿解说员"队伍，承担"红色热土 不朽丰碑——中国共产党领导广东新民主主义革命历史展"社会团体的讲解任务。这是广东省博物馆首次采用这种宣教方式，调动本馆党员积极投入到党史学习教育当中，实现对内对外党史教育的双向贯彻。为推动馆校合作，"大学生红色解说员"还携手佛山市第十四中学的学生开展以"红色热土 不朽丰碑"为主题的博物馆导赏课，引领红色文博资源进校园，让党史学习教育在丰富多彩的活动中，立起来、活起来、火起来。"红色志愿解说员"开展解说140场，组织志愿解说员14人，提供志愿服务时长近300小时（图4、5）。

三、运用多媒体技术，赋予形式设计时代感

展览巧妙地融入了多种别出心裁的设计，充分运用数字化信息采集技术、数字化资源处理技术、人机互动技术等科技手段，将真实的历史场景还原到场馆中，为观众创造出交互体验，真正实现了沉浸式观展。

展览选用活力朝气的中国红为展览主色，同时配合普蓝、土褐、麦黄、正红各部分的空间主题色，形成既统一又富于变化的展示风格。同时，利用展厅9米层高，将展墙升高到4.5米的高度，围绕重点展品设计出气势磅礴的革命场景。通过展厅高度的优势，策展团队将多个历史场景"搬"进展厅，打造近3米高的红色交通站建筑外观，并将馆藏文物青溪永丰客栈招牌还原展出；在三面"铁窗"围蔽下，墙面上正在投映全国首部粤剧红色电影《刑场上的婚礼》，将周文雍和陈铁军的革命故事生动地呈现。展览采用了观众更容易接受的方式，将革命历史和其中所蕴含的精神价值更直接地展示和传递给观众，取得了良好的效果。

在展览开篇设计中，采用多层次的油画布景灯光，结合人机交互和语音视频，以及声光电和动画技术，生动再现了中共三大会议的场景。通过触摸屏幕，观众可以浏览经过高清数字化采集和修复后珍贵的红色典籍。展览结尾处，一段特殊的影像资料循环播放，带领观众重返1949年10月14日，透过广州东亚酒店房间阳台和窗户，沉浸式感受广州解放当天人民游行在大街上的欢庆喜悦。画面中的广州城、入城的解放军、夹道欢迎的广州人民都清晰可见，人们的笑脸和满街的五星红旗让人心潮澎湃。穿梭在展厅内，观众犹如"穿越"到不同的历史时期，可以近距离感知革命先辈的奋斗环境（图6）。

展览还配套推出线上虚拟展，呈现更为丰富的

图 4 为抗疫一线工作人员子女策划活动专场

图 5 大学生红色解说员为全国劳模代表讲解

展览视频动画、3D 文物展示、讲解导览、拓展阅读等，将"线上/线下""虚拟/现实""在线/在场""文化保护/文物旅游"相结合，进一步拓展革命文物在线虚拟展览、开发知识服务产品、数字化还原历史场景等路径，以革命文物引发观众感同身受，构建与红色文化相通的情感结构，从而提升革命文物的资源潜能和服务功能。此外，还推出了"云展览"的观展模式，观众可以通过声音、触控、注视等方式在手机、电脑和 VR 设备上完成参观互动。尤其是青少年朋友们，足不出户即可沉浸式"云逛展"（图 7）。

为进一步挖掘革命文物背后的故事、传承南粤红色精神，广东省博物馆与新华网广东频道合作，共同策划推出了《红色相册》系列短视频；将"在线"与"在场"相结合，策划推出《重返历史现场》系列短视频，带领观众重返革命旧址，感受一件件红色文物背后的革命故事。此外，围绕展览内容及节日主题，以条漫、剧本杀、vlog 等形式，打造极具创意、沉浸感、年轻态的宣传内容，带领观众走进展览，了解毛泽东、周恩来、刘少奇、朱德、叶剑英等老一辈革命家和李大钊、蔡和森、瞿秋白、陈延年、彭湃、叶挺、杨殷、张太雷等一大批革命先烈在广东革命战斗的历史，以及千千万万广东优秀儿女在党的带领下谱写的感天动地的革命史诗，传承光照千秋的革命精神，矗立永不褪色的红色丰碑。

四、赋能文创创新，演绎馆校合作形式

为用活红色资源，发挥其独特优势，以文创开发为载体，拓展传播渠道、丰富文化体验、激发青春动能。在产品开发上，采取馆校合作的方式，

图 6　运用多媒体技术再现中共三大会议

由高校大学生结合展览内容，设计年轻人"自己"喜欢的红色文创。围绕展览主题，与广州美术学院合作，深入开展红色文化保护传承和建党百年宣传教育，推出"红色文创"课程，以文创产品为载体，用活红色资源、讲好党史故事、传承红色基因。围绕展览内容策划、形式设计等内容，策展团队在广州美术学院开展了一场生动的红色策展理念分享会，并在广东省博物馆和广州美术学院举办"红色文创"课程汇报展。学生们纷纷表示，"通过策展团队的精彩分享，了解到了许多在课堂上学不到的内容，收获了更多策展实践经验的知识分享内容，可以将策展理念通过产品设计分享给更多的消费者"。同学们将分享会的知识运用到产品实际创作设计当中，共设计文创作品87份，并在广州美术学院图书馆、广东省博物馆展出。紧扣展览主题，设计开发了23种48款文创产品，分为"撸起袖子加油干"系列、红军文化系列等，涵盖生活、学习等多个领域，充分发挥广东文化和旅游系统红色资源的优势，提升广东红色文化品牌在全国的影响力（图8～10）。

五、突破空间边界，追求未来博物馆的可能性

围绕此次展览主题，广东省博物馆发挥自身在公共宣教方面的优长，设计全年龄、多形式、重参与的一系列教育活动，涵盖声音类、视觉类、表演

图7　虚拟展界面

类、手工类和红色研学类活动，致力于拓展和探索博物馆教育活动的空间边界。边界的延展体现在"走出去"和"引进来"两个方面。在"走出去"方面，串联不同的红色史迹，用红色游径拓展对博物馆空间的理解。推出"行走广州——追寻薪火印记之旅"红色研学活动。经过对广州的红色革命史迹前期梳理、多次实地走访和专家的反复论证，研发出"线上＋线下"立体式研学线路，以手机小程序和线下实体学习手册相结合的方式，引导亲子家庭前往杨匏安故居、农讲所、广州起义纪念馆等见证中国重大革命历史事件的历史纪念场馆进行探索闯关，追寻红色足迹、传承红色基因。在"引

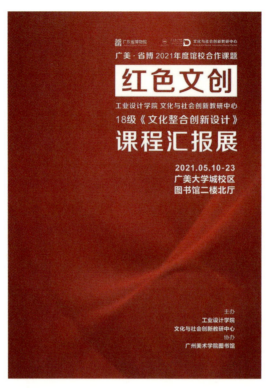

图 8　展览同期广州美术学院举办"红色文创"设计作品展

图 9　部分"红色文创"设计作品方案：《备战——红色主题文具系列设计》

图 10　部分"红色文创"设计作品方案：《赤卫——以广州起义为背景的运动风国潮品牌设计》

进来"方面，将剧场表演引入博物馆空间，拓展了博物馆空间的功能边界。在展览期间，推出"沉浸式博物馆之夜"系列体验活动，其中，"沉浸式导赏活动"通过"活的展品"和"展览＋演艺"的模式，将历史事件、文物与剧艺表演相结合，把可感可触的真实史实还原进场馆，带领观众置身于那个觉醒的年代，深入了解五四运动在广东、中共广东支部正式成立、刑场上的婚礼、红色交通线以及广州解放的故事，加深对广东新民主主义革命时期重要事件的了解，实现历史和剧艺、艺术和科技、传统与时尚的深度融合。另外，"露天电影放映活动"带领观众重温经典影视作品，追忆峥嵘岁月、缅怀革命先辈。来自活动现场初中生发表的观后感："在广州最繁华之地欣赏一部黑白电影，这一强烈对比，让我真切地感受到了革命先烈们的伟大，特别感谢他们的付出，让我们有了今天这样的美好生活。"

为了拓展展览传播辐射的范围，创新革命文物资源服务形式，展览借助"广东省流动博物馆平台"，送到省市内 29 个单位和机构进行巡展，参观人数达到 100 万人次，发挥出博物馆的传播优势，在实践中践行全心全意为人民服务的宗旨，形成红色文化传播的强大力量（图 11～13）。

广东省博物馆供稿

图 11　展厅内沉浸式导赏现场剧照

图12　在广东省博物馆入口广场开展露天电影放映活动

图13　拓宽展览传播辐射的范围，展览进学校

守正创新，擦亮中共三大红色文化品牌

——"中国共产党第三次全国代表大会历史陈列"的策划与实施

用好红色资源、弘扬革命文化，促进革命纪念馆高质量发展，是革命纪念馆人责无旁贷的使命与任务。中共三大会址纪念馆于 2006 年依托中共三大会址建立，2019 年成为独立编制单位。2021 年 6 月 20 日，纪念馆改扩建竣工，基本陈列"中国共产党第三次全国代表大会历史陈列"完成改陈提升，以全新面貌呈现。

该展览入选国家和广东省"庆祝中国共产党成立 100 周年精品展览"名单，获得第四届广东省博物馆陈列展览精品、2021 年广东省弘扬社会主义核心价值观主题展览、第六届广东博物馆开放服务最佳做法推介"最佳展示推广奖"等荣誉，成为开展党史学习教育、革命传统教育、爱国主义教育的生动教材（图 1）。

一、展览选题和定位

中国共产党第三次全国代表大会是党史上一次十分重要的会议，对党的发展和中国革命的进程影响深远。1923 年 4 月，为推动中国革命继续向前发展，中共中央机关从上海迁到广州。同年 6 月，中共三大在广州召开。大会正确认识和分析了中国国情和革命任务，确定以国民革命运动为党的中心工作，决定共产党员以个人身份加入国民党，促成第一次国共合作。国共合作实现后，以广州为中心，汇集全国的革命力量，很快开创了反对帝国主义和封建军阀的革命新局面，掀起了轰轰烈烈的国民大革命。

在此次改陈提升前"中国共产党第三次全国代表大会历史陈列"展出已有十余年。包括基本陈列

图1　中共三大会址纪念馆外景

改陈在内的改扩建项目建设，是贯彻落实习近平总书记视察广东重要讲话精神、迎接中国共产党成立100周年的一项重点工程；是实施红色文化遗址保护利用工程，传承广州英雄城市红色基因的需要；是建设广州市红色文化传承弘扬示范区，实现"四个出新出彩"，打造广州红色文化品牌的要求。

摆在策展团队面前的首要问题，是如何在原有展览的基础上找准定位，守正创新。在选题策划上，细化目标群体为党员群众和青少年；策展目的是传承红色基因，赓续红色血脉，全面准确地展现中共三大在中共党史和中国革命史上的重要地位和贡献；策展理念是要讲好中国共产党人的故事，讲好中共三大的故事，擦亮中共三大红色文化品牌。

（一）始终坚持以习近平总书记重要指示作为根本遵循

展览以马克思列宁主义、毛泽东思想、邓小平理论、"三个代表"重要思想、科学发展观、习近平新时代中国特色社会主义思想为指导，特别是深入学习贯彻习近平总书记关于党史学习教育、革命文物工作的重要论述。这些重要论述深刻阐明了党史学习教育和革命文物工作的重大意义，集中体现了学习宣传党史、革命史的立场观点方法，是办好展览的根本遵循（图2）。

（二）始终坚守初心使命，牢牢把握正确的方针原则

图2 中共三大会址遗址

纪念馆以保护好、管理好、运用好革命文物，弘扬革命文化，传承红色基因为宗旨，在省市文物部门、宣传部门的严格要求和密切指导下策划实施基本陈列改陈，成功通过中宣部、国家文物局等有关部门审批。策展过程始终坚守初心使命，强化主题主线，牢牢把握正确的方针原则，以加强革命文物展示传播，发挥纪念馆基本陈列在党史学习教育、革命传统教育、爱国主义教育方面的重要作用为目标。

二、展览结构和内容

弘扬革命文化，守正是根本，创新是关键，根基在研究。中共三大会址革命文物与其所承载的革命事件及相关的革命人物、革命文献，共同构成中共三大红色资源体系。策展团队在筹备过程中，深挖红色资源内涵，深化对中共三大历史的认识，深入对新材料、新成果的研究，并进行创造性转化、创新性发展，最终融入展览展示内容中。

（一）展览结构

展览聚焦1923年6月在广州召开的中共三大，分"上下求索——中共三大召开的历史背景""凝聚共识——中共三大的召开""风起云涌——轰轰烈烈的大革命""理想之光——新中国成立前牺牲的中共三大代表"四个部分，介绍中共三大召开的历史背景，大会筹备、过程与成果，大会的影响与贡献，弘扬大会代表的理想与信念（图3）。

展览在结构上以中共三大会议的发展为线索，讲述中共三大故事，做到以事证史、以史见人。第一至第三部分主体展示时间从1921年中共一大召开起，至1925年中共四大召开前为止，上下进行必要的延伸，营造历史氛围；第四部分打破线性叙事，通过讲述18位新中国成立前牺牲的中共三大代表的革命故事，渲染革命情感，升华信仰力量。

（二）展览文本

陈列大纲经反复论证和逐字逐句审核，共大改38稿、小改上百遍，确保导向正确、史实准确、评价明确。在文本编写上注重三个"重视"：

重视文本的政治性、权威性。坚持正确政治方向，准确把握党史的主流和本质，科学反映和评价党和国家历史上的重大事件和重要人物，文字说明严格对照党史权威著作、权威表述，努力做到权威准确、科学严肃。

重视学术史的回顾与新时代的要求。在过去关于中共三大历史的学术研究基础上，将近年来党史研究的新成果、发现的新材料，特别是习近平总书记关于党史的新论断、新概括充实到展陈当中。

重视以物证史，以史见人。进一步凸显陈独秀、李大钊、毛泽东等关键人物，语言精练简洁，风格平实中肯，充分展现中共三大主要历程和历史贡献，更好地宣传展示中共三大历史。

图3　序厅

（三）展品选择

在展览的展品选择上，紧密结合中共三大会议本身，以代表性、唯一性为原则，并应用近年来党史研究的新成果，首次总结中共三大在党史上的若干"首次"，采纳"中共三大代表人数至少有40名"等最新研究成果，展出包括从中央档案馆、荷兰阿姆斯特丹国际社会史研究所等机构复制的珍贵藏品。重点展品有中共三大会议的文件、决议，如《中国共产党第三次全国大会决议案及宣言》、缝制在共产国际代表马林衬衣上的指令（图4、5）；有中共三大会址的相关文物，如会址考古勘查的出土器物、20世纪30年代广州东山一带航拍照；有中共三大代表使用过的物品，如徐梅坤穿过的大衣、用过的皮箱等。

三、展览设计和制作

纪念馆改扩建后，建筑面积从818平方米增加至2305平方米，规模比之前扩大了两倍；改陈后的基本陈列，展厅面积1230平方米，展线长度320延米，均有较大幅度的提升，能够比较翔实、完整、鲜明地展示中共三大波澜壮阔的辉煌历史。

展览形式设计经反复打磨，通过108件/套文物、188张照片、22个图表、4幅油画、4组雕塑及多个场景，融入数字化多媒体新技术，综合多种展陈手段，挖掘历史细节，凸显关键人物。形式设计与内容设计的有机结合，凸显了展览的三大创新点：

（一）营造观展的仪式感、体验感、参与感

展览利用数字科技手段，适度增加辅助展品，丰富以纸质文献为主的文物展品，增强展览的艺术魅力。运用全息成像技术，演绎寻觅中共三大会址的故事；结合艺术人物雕塑、场景布置和视频投影，通过虚实结合的手法，模拟大会召开过程；将白描国画人物创作，配合视频投影，讲述代表的理想与

图4 展品：《中国共产党第三次全国大会决议案及宣言》

图5 展品：缝制在共产国际代表马林衬衣上的指令

信念。数字科技手段结合艺术创作，打造出沉浸式参观场景和互动式观展平台，营造了观众观展的仪式感、体验感、参与感（图6、7）。

（二）实现历史叙事与场景再现的巧妙结合

依据展览文本的知识要点和不同的空间位置，综合运用图文版面、雕塑浮雕、绘画创作等表现手法。展览充分利用立体空间布局，以场景艺术化复原再现中共三大会址与春园、逵园、简园及周边街区，实现了历史叙事与场景再现的巧妙结合（图8）。

图6　展项：《国际歌》互动触屏

图7　展项：中共三大代表

图8　立体空间布局

（三）实现内容布局与观展情绪的完美融合

展览打破线性叙事方式，内容环环相扣，情绪步步升华。合理布局第一部分与第三部分，突出展示第二部分重点内容，在第四部分塑造氛围空间，以"理想之光"为主题弘扬大会代表的理想与信念，与尾厅习近平总书记关于新时代共产党人的责任与担当的论述完美融合，让观众获得情感的升华和情绪的共鸣（图9、10）。

四、展览宣传与推广

展览自展出以来，获得了良好的社会效益和极大的社会影响力。主要体现在以下三个方面：

（一）打造全国一流的红色纪念展览

（1）实现展览政治性、思想性、艺术性的统一

在新时代、新形势下，展览立意高远，定位准确，把中共三大放在中国共产党的理论建设、发展历程和中国革命史等多维度中，全面评价中共三大的历史地位，深入挖掘和系统阐发中共三大红色资源体系所蕴含的文化内涵和时代价值，实现了政治性、思想性、艺术性的统一（图11）。

（2）达到见人见事见物见精神的效果

展览在有限的展示空间内构筑宏大的革命历史叙事，由点及面，以小见大，进一步凸显陈独秀、李大钊、毛泽东等关键人物，升华思想境界，达到见人见事见物见精神的效果，显著增强展览的吸引力和感染力（图12）。

（二）打造全国领先的红色文化宣传标杆

（1）高品质讲解、高品质环境

配合展览展出，精心打磨讲解词，塑造讲解员形象，提升讲解水平，推出标准化讲解接待流程，实现高品质团队讲解；通过精细化管理，提升场馆参观秩序、绿化环境、风貌协调。自2021年6月

图9　第四部分

图10　尾厅

开馆至 2022 年底，在受疫情防控影响下，共接待观众约 47 万人次，参观团体约 7200 批次，讲解服务约 3600 批次，广受好评（图 13）。

（2）社会教育活动出新出彩

围绕展览展出，在重点时间节点推出一系列社教活动，并建设特色品牌教育活动。针对青少年开展"点燃理想之光"研学活动，针对党员群众开展"奋进信仰之路"教育活动。通过红色讲堂、情景朗诵、连环画制作、戏剧演绎、地图绘制、团队讨论、主题调查等创新形式，推动社教活动出新出彩，加强观众与展览的联结度。自 2021 年 6 月开馆至 2022 年底，共开展线下活动 385 场、参与人数 36 万人次，开展线上活动 28 场、参与人数 4253 万人次，覆盖面广，影响力大（图 14、15）。

（3）媒体报道广泛深入

展览受到各级媒体的广泛关注和深入报道，取得了良好的宣传效果和社会效益。自 2021 年 6 月开馆至 2022 年底，展览宣传报道数量共 426 篇，报道展览媒体数量共 113 家；其中，央媒报道近 50 篇，登上"学习强国"平台约 40 次，创我馆历史新高（图 16、17）。

（4）海陆空联动全方位全覆盖

在空间维度上扩大传播媒介，以"纪念馆 + 交通"的概念，实现海陆空联动全方位布局红色文化宣传矩阵。联合广州公交集团打造"广州红"主题游轮参与珠江夜游，联合广州地铁集团打造中共三大主题有轨列车，联合广州一汽巴士公司打造

"开往中共三大会址的 3 路公交车"，联合广州公交集团交通站场中心打造中共三大主题站场，联合南方航空集团打造广州至北京的中共三大主题航班，并定制中共三大主题专属纪念票证，包括全国交通一卡通卡、广州地铁一日票卡、南方航空专属登机牌等，大力推动文旅融合，扩大宣传辐射面（图 18 ～ 23）。

（三）打造全国知名的红色文化传承高地

（1）成立中共三大研究中心

组建成立中共三大研究中心，整合学术资源，持续开展红色文化的保护、研究工作。编辑出版《中共三大历史文献资料汇编》《中国共产党第三次全国代表大会历史图录》《中共三大研究（第一辑）》《中共三大会址专项调查资料汇编》等，构建中共三大红色文化宣传教育的学术基础（图 24）。

（2）加强馆校合作机制构建

原创性提出"红盒子进百校"计划，开发中共三大主题实景课堂课程资源包"红盒子"，升级中共三大主题实景课堂项目。此项目列入教育部中央专项公益金支持未成年人校外教育项目，并与各大中小学共建红色研学实践基地、思想政治教育基地，在党史教育、主题活动、志愿服务、宣传推广等方面开展广泛深入的合作，活化革命历史展览，增强展览宣传推广的针对性（图 25）。

（3）研发中共三大主题文创产品

聚焦展览的红色文化内涵，研发一系列品类丰

图 11　第一部分

图 12　第二部分

图 13　讲解服务

图 14　党员观众在序厅宣誓

图 15　青少年参加研学活动

图 16　人民日报专版报道

图 17　光明日报专版报道

图 18 "广州红"主题游轮

图 19 "广州红"主题游轮内景

图 20 中共三大主题航班

图 21 乘客登上中共三大主题航班

图 22 中共三大主题有轨列车

图 23 中共三大主题站台

图24　中共三大研究中心成立

图25　开展馆校合作活动

图 26　中共三大主题茶杯　　　　　图 27　中共三大会址纪念馆纪念邮册　　　　　图 28　中共三大会址纪念馆音乐盒

富的中共三大主题文创产品，共 18 类 48 款。包括纪念邮折、纪念邮册、纪念封、纪念扇子、音乐盒、装饰梯木画、茶杯、丝巾、台历、笔记本各 1 款，明信片、雨伞、纸巾抽、文件袋各 2 款，帆布袋、研学活动文具 3 款，研学活动本 4 款，书签 20 款。文创产品的创意源自中共三大红色资源体系，以中共三大会址建筑、中共中央机关旧址春园建筑、馆徽图案和相关资料为主要载体，充分体现馆藏特色，合理地运用到相应的产品设计中。文创产品既凸显纪念馆特色，又兼具实用性和艺术观赏性，实现红色纽带的作用，助力擦亮中共三大红色文化品牌（图 26 ～ 28）。

五、小结与思考

习近平总书记强调，回望过往的奋斗路，眺望前方的奋进路，必须把党的历史学习好、总结好，把党的宝贵经验传承好、发扬好，铭记奋斗历程，担当历史使命，从党的奋斗历史中汲取前进力量。

新时代新征程，红色场馆重任在肩、大有可为。我们将按照总书记要求，继续坚持守正创新，坚持创造性转化、创新性发展，以高度的文化自觉、坚定的文化自信，探索构建中共三大红色资源体系，以切实举措提升纪念馆的标准化、品牌化、融合化建设，擦亮中共三大红色文化品牌。

中共三大会址纪念馆供稿

向海之旅

——重返海洋的爬行动物

"向海之旅——重返海洋的爬行动物"是深圳博物馆与浙江自然博物院联合主办的原创科普展览，也是深圳博物馆"生命演化"系列展览的又一力作。该展览于 2022 年 5 月 13 日至 2022 年 8 月 14 日在深圳博物馆历史民俗馆第二专题展厅展出，并于 2023 年 5 月荣获"第四届（2021—2022 年度）广东省博物馆陈列展览精品奖"，2023 年 11 月荣获"2022 年度全国地质古生物科普十大进展"。

一、展览选题

著名生物学家杜布赞斯基曾说过："假如没有演化论，生物学里的一切都说不通。"演化是生物学乃至整个生命科学领域最重要的概念之一，近

年来深圳博物馆一直坚持策划推出演化系列主题展览，如"识骨寻宗——透过骨骼窥视生物演化""征程——从鱼到人的生命之旅""重返白垩纪——热河生物群特展"等，期望在青少年心中种下一粒种子：对大自然的敬畏、对自然科学的好奇、对自然学科的热爱。

基于深圳博物馆历年举办的演化系列主题展览已对达尔文理论、生命演化历程等进行完整介绍，本次"向海之旅"专题展览结合馆藏情况，聚焦"爬行动物重返海洋"这一重大演化事件，通过丰富的中生代及现代海洋爬行动物标本，期冀能完整呈现爬行动物从陆地环境到海洋环境变化过程中生物性状的演变，体现"适者生存"的核心概念。

二、展览内容及展品

　　生命演化类主题展览多是以时间为线索，以生物分类为结构框架，讲述各地质时期所对应的生物类群。在这种情况下，展品往往只是被欣赏的对象，而没有成为故事叙述中的主角。本次"向海之旅"展览突破了以往单纯按照生物分类介绍生物知识点的陈列体系，引入"生物适应性"这一核心概念，采用"适应性——生物分类"二元叙事架构，通过"海怪迷踪""称霸海洋""灭绝新生"三个单元，重点介绍了这些原本生活在陆地上的爬行动物重新适应海洋的过程。该展览是国内首个系统性介绍古、今海洋爬行动物的专题展览。

　　展览挑选与内容紧密相关的古、今海洋爬行动物标本102件/套，其中27件/套为国内首次展出，如近7米长带胚胎的关岭鱼龙化石、深圳博物馆藏6米长的蛇颈龙化石。展品中还包含多件具有

重要科研价值的模式标本及受邀在海外巡展过的标本，几乎囊括了迄今已知所有生活在海洋中的爬行动物类群。所有展品的安排与生物间的演化关系相呼应，通过对比、对照显示不同生物对环境适应的差异。

　　展览第一单元"海怪迷踪"以神秘的"海怪"为切入点，通过对古今中外人们对"海怪"形象的描述和猜测引发大家的好奇，接着介绍在早期博物学家眼中真正的"海怪"形象，由此引出史前海洋爬行动物。史前海洋中的爬行动物与现代的大不相同，不仅种类丰富，而且体型巨大、形状怪异，与其陆地祖先有较大差别，强烈激发公众的求知欲，如：这些动物为什么要回到海洋生活？它们是怎样发展出如此高的多样性？现代海洋中的爬行动物跟史前海洋爬行动物又有何关联？等等。展览第一单元希望通过这些问题的提出，构建观众主动探究的观展模式。

表1　"海怪迷踪"单元展示内容

序号	主题	展品	反映内容
1.1	传说中的海怪	古今中外人们想象中的海怪形象	早期人们对于"海怪"的认识以及这些"海怪"形象的生物原型。
1.2	真正的海怪	中生代各时期古地理图及海生爬行类化石分布图	博物学家眼中真正的"海怪"形象、海生爬行类化石产地及其古地理环境。
1.3	为什么要下海	三叠纪生态环境图、陆生爬行动物与海生爬行动物骨骼对比图	爬行动物由陆地返回海洋的原因以及不同生存环境下二者骨骼性状的改变。

中国是著名的三叠纪海洋爬行动物化石产地，在过去几十年间，不断有新的海爬化石被发现和确认。第二单元"称霸海洋"是本次展览的重点部分，通过丰富的产自中国的化石标本，以中生代爬行动物重返海洋的实例，解答了第一单元所提出的问题：在基因突变的内在驱动及自然选择的外在压力下，这些爬行动物由陆地重新返回海洋生活，并在这一过程中演化出了不同的技能来装备自己，从而更好地适应海洋环境。

表2 "称霸海洋"单元展示内容

序号	主题	展品	反映内容
2.1	最繁盛的海怪——鳍龙类	化石标本：楯齿龙、肿肋龙、幻龙、纯信龙、蛇颈龙	鳍龙类在适应海洋环境过程中生物性状的改变：在以肿肋龙—幻龙—纯信龙—蛇颈龙为代表的各个演化阶段，鳍龙类的体型逐渐趋于庞大，脖子越来越长，尾巴越来越短，四肢也从原始的五指（趾）形演变为鳍状肢，这使得后期的鳍龙类非常适应水生环境，从而统治海洋达1.8亿年之久。
2.2	最完美的海怪——鱼龙类	化石标本：巢湖龙、新民龙、混鱼龙、黔鱼龙、关岭鱼龙	鱼龙类在适应海洋环境过程中生物性状的改变：在2亿多年前的海洋里，鱼龙就演化出了像鱼类一样的流线型体形，而且鱼龙还拥有桨状四肢及大大的眼睛，这都使得它们非常适应水生生活；此外这里还以带胚胎的鱼龙化石向观众介绍了"卵胎生"的重要内容。
2.3	"水陆两栖"的海怪——海龙类	化石标本：安顺龙、双列齿凹棘龙、新铺龙	返回水中生活的动物对水生生活的适应程度各有不同，这里介绍了在进军海洋过程中并没有完全丢掉陆生生态习性的海龙类，它们的四肢形态并非极端适应水生生活，或许可以在陆地上笨拙移动。
2.4	我国特有的海怪——湖北鳄类	化石标本：南漳湖北鳄	湖北鳄类在适应海洋环境过程中生物性状的改变：具有纺锤状体形，四肢桡足状，说明已经具有较强的游泳能力；另外背部具有膜质骨板，或许是用来抵御捕食者的攻击。
2.5	最令人迷惑的海怪——海生原龙类	化石标本：长颈龙、东方恐头龙	海生原龙类在适应海洋环境过程中生物性状的改变：体型较大，四肢演化为鳍足状，颈部加长，可能具有特殊的进食方式，较为适应海洋环境。
2.6	最后灭绝的海怪——沧龙类	化石标本：阿拉姆氏大洋龙	沧龙类在适应海洋环境过程中生物性状的改变：牙齿锋利，体型巨大，四肢鳍状，非常适应海洋生活。

生物的灭绝与新生是演化中的自然现象，几乎每时每刻都在发生。在距今2亿年前的第四次大灭绝事件及距今6600万年前的第五次大灭绝事件中，所有的"海怪"成员相继灭绝。自此之后，新生代的生物面貌为之一变，广阔的海洋也迎来了新的主人。展览第三单元"灭绝新生"向观众介绍了中生代的海洋爬行动物灭

绝之后现代海洋中新崛起的爬行动物种类，呼应了展览标题，这些动物一直进行着"向海之旅"。

表3　"灭绝新生"单元展示内容

序号	主题	展品	反映内容
3.1	身藏剧毒：海蛇	现生动物标本：平颏海蛇、棘鳞海蛇	海蛇在适应海洋环境过程中生物性状的改变：进化出毒液，身体侧扁，尾部呈桨状，具有卵胎生的繁殖方式，适于水生生活。
3.2	体型巨大：海鳄	现生动物标本：海鳄	海鳄在适应海洋环境过程中生物性状的改变：体型巨大，能适应高盐度环境，在水生环境中具有较大生存优势。
3.3	铠甲护体：海龟	现生动物标本：绿海龟、棱皮龟	海龟在适应海洋环境过程中生物性状的改变：四肢呈桨状，善于游泳，潜水时间久，产卵数量多。

另外，策展团队还为重点展品蛇颈龙（摩根南泳龙）设计了拟人化形象——小摩根。在内容主线之外，利用小摩根作为串联整个展览的辅助线索，以其为第一视角，通过对话的方式带领观众认识每一种海洋爬行动物的类型，并为大家介绍它们在适应海洋过程中所具有的独特性状，所用语言活泼生动，照顾了青少年群体的观展体验，获得一致好评。

三、陈列展览设计及制作

"向海之旅"展厅面积约500平方米，内部原有的设备间、立柱及固定展柜无法移动。策展团队根据展览内容对空间进行了重新规划，创造性利用天、地、墙的组合，扩大布展面积，在展品陈列、信息展示及氛围营造中都取得了较好效果，主要体现在以下几点：

第一，形式设计围绕海洋及演化的主题，力图打造一首古海洋中的生命之歌。为展览专门创作的拟人化蛇颈龙形象（小摩根）作为主题故事的歌唱者，既是内容上的线索和指引，也在形式上增添了童趣可爱；随着展线的变化，蛇颈龙歌唱的故事从浅海进入深海，展厅色彩也由浅转深，再到现生海洋爬行动物的部分，色彩又由暗至明悄然转变。展览从光、影、声、形四方面的全情景沉浸式设计，让观众置身海洋氛围感受这首生命之歌。

第二，因地制宜进行场景复原。策展团队结合为展览专门绘制的多幅科学复原图，最大化复原了远古生物的形象及其生活场景，辅以水波纹氛围灯投影在化石骨架上，使已经灭绝的古生物仿佛重新被赋予了生命，依旧在海底自由畅游。这种形式能大大拉近观众与古生物标本间的距离，强化观众的观展体验。展柜玻璃外侧的上下方也都贴有与展览风格相契合的贴纸，贴纸上延绵的曲线能给人视觉上的渗透，打造出空间结构的层次，深化海洋主题。

第三，使用AR技术对展品进行演绎。"向海之旅"展览的主要内容是向观众介绍生活在海洋中的爬行动物，这些动物在其生存期间是动态的，是在海洋中自由遨游的，但在博物馆展览中，这些标本只能以静态的方式进行陈列，这很大程度影响了观众对海洋爬行动物的理解。基于此，本次展览针对重量级展品——蛇颈龙，开发制作了AR互动项目。该项目使用三维动画效果，让展厅里的蛇颈龙骨架回溯时光，还原为蛇颈龙原本的形象，同时搭建还原蛇颈龙的生活场景，让观众通过穿戴设备或移动终端在展厅现场身临其境看到数亿年前海洋霸主蛇颈龙运动、捕食等生活情形。动画中还介绍了蛇颈龙与其他生物的亲缘演化关系，通过"超媒体"方式呈现其承载的地质历史故事及科普知识，让文物真正"活"起来，"动"起来。

第四，设置多人互动竞答游戏，提升博物馆的非正式教育功能。近年来，随着网络游戏的普及，博物馆与游戏的跨界融合也成为一个热门话题。游戏化学习不仅能提高学习者的学习兴趣，还能激发学习者的学习动机，发展学习者的创造性、批判性等高阶思维能力。中生代海洋爬行类的名称及分类很繁杂，专业性很强，为了帮助大家更好地理解展览内容，展厅最后为大家提供了一项原创多人互动竞答游戏，将关于海洋爬行类的科普知识融入游戏中，让观众在玩的同时获取有用信息，达到寓教于乐的目的。

四、展览教育与宣传推广

作为2022年"5·18国际博物馆日"深圳主会场主展之一，"向海之旅"以"生命的力量"呼应博物馆日主题进行宣传，将小众的海洋爬行动物类群推向更广泛的大众群体，打造深圳博物馆"生命演化"序列新篇章。展览展出期间吸引了大量观众特别是中小学生和家庭的广泛参与，获《南方日报》《广州日报》《深圳特区报》等多家主流媒体重点报道。深圳博物馆通过微信公众号发布与展览相关的宣传推文15篇、宣传视频5条，通过官方微博平台发布相关内容24篇；开展专家讲座2场，"看展圳少年"活动1场，AR及互动竞答游戏活动90余场，观众总计参与量达185万余次，极大地满足了公众对自然科学知识的渴求，也丰富了展览的活动形式。

另外，为满足观众深入了解展览内涵的需求，策展团队还推出了专家导览视频，并参与深圳卫视《海怪迷踪》及深圳财经生活频道《刷馆——与大师一起云看展》等系列节目的录制，向观众详细介绍了展览内容及展览背后的故事。展览期间，策展团队还邀请了中国科学院古脊椎动物与古人类研究所有关专家对展出标本进行现场研究和讲解，与观众进行互动，这不仅为专业人员提供了研究平台，还为观众提供了与科研工作近距离接触的机会。

本次展览还出版了学术性展览图录《向海之旅——重返海洋的爬行动物》。该图录由深圳博物馆编写，文物出版社出版。图录编写过程中，策展团队在展览文本的基础上进一步扩展内容，增加了更多关于古生物学科及化石标本的整体介绍，拓展了图书的深度及学术内涵。

文创产品的开发和使用能增加博物馆的广度，让文物"活"起来、生动化、实用化，使文物及博物馆元素更加有趣、更有吸引力。本次展览根据主题内涵及大众审美，选择了重点展品"蛇颈龙"为对象，以标本原始的挖掘情形及其向海的演化创作了化石版和复原版两款形象，共开发了徽章、口罩、流沙杯垫、文件夹等四类八款文创产品。值得一提的是，其复原版形象也正是在展厅里一直出现的作为展览线索之一的"小摩根"，这不仅大大提高了观众对文创产品的熟悉度、认可度，还使得"小摩根"的形象更加立体丰满、深入人心。

五、小结与思考

在浙江自然博物院的大力支持下，"向海之旅"展览及其系列科普活动均取得圆满成功。这次展览是两院馆贯彻新时代文物工作方针，盘活馆藏资源，让藏品"活"起来的成功案例，为双方进一步在标本收藏、研究、展示和科普等多领域全面加强合作

打下了坚实基础。

深圳博物馆打造的"生命演化"系列展览，旨在加强公众对相关科学理论、自然现象的理解。我们认为，演化理论不应成为令青少年望而却步的深奥难题，而应该是理解生命意义、探索生命真谛和规范自身行为的大众科学；演化现象不仅需要科学家去探索，也需要公众去了解，这样我们才能更好地认识我们所生存的环境，领悟生命现象。

通过多年展览实践，我们很欣喜地看到现在的自然类展览已经从百科全书式的告知式标本陈列向更具有科学内涵和启发性的展览内容发展。同时我们也在不断思考，如何讲好演化故事，进一步激发大众兴趣？如何更好地架起科学理论与社会公众之间的桥梁？古生物学领域经常有很多罕见的化石新发现，如何把这些具有重要科学意义的发现及其背后的故事发掘出来并传播出去？等等。虽然针对这些问题我们还没有明确的答案，但可以看到本次展览已经在内容结构、展品选择、设计制作及宣教活动等方面都做出了一些新的尝试。我们也深知这还远远不够，之后深圳博物馆将在原有工作基础上，继续深化研究，推陈出新打造更多优质展览（图1～34）。

深圳博物馆供稿

图1 展标

图2 第一单元 海怪迷踪

图3 第二单元 称霸海洋

图 4　第二单元　称霸海洋

图 5　展品：幻龙　　　　　图 6　展品：东方豆齿龙　　　　　图 7　展品：细颌乌蒙龙

图 8 展品：幻龙模型

图 9 展品：羊圈幻龙

图 10 展品：奇异滤齿龙

图 11 展品：蛇颈龙

图 12 展品：纯信龙

图 13 展品：鱼龙类

图 14 展品：关岭鱼龙

图 15 展品：海龙类

图 16 展品：乌沙安顺龙

图 17 展品：南漳湖北鳄

图 18 展品：东方恐头龙

图 19　第三单元　灭绝新生

图 20　展品：海鳄

图 21　展品：海龟

第二专题展厅　THE SECOND THEMATIC EXHIBITION HALL
向海之旅——重返海洋的爬行动物

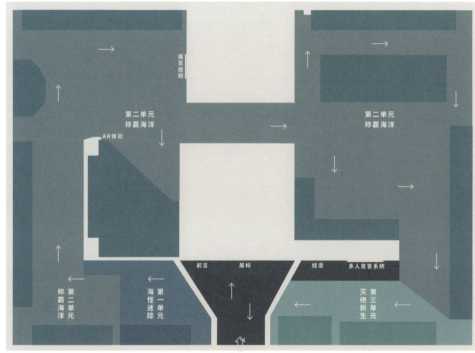

图 22　展厅线路图

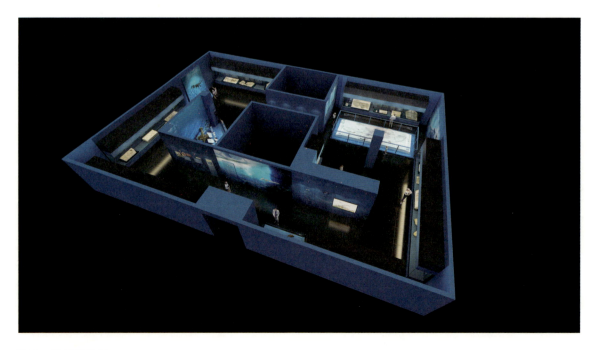

图 23　空间设计图

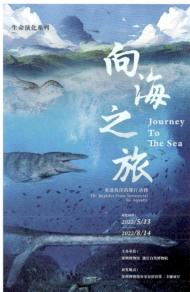

图 24 海报   图 25 宣传册

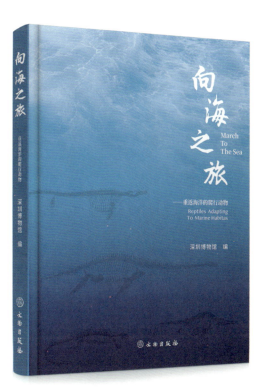

图 26 部分文创产品   图 27 图录

图28 "看展圳少年"培训活动

图29 古生物专家在展厅现场开展标本研究工作

图 30　策展人参与展览相关的节目录制

图 31　互动竞答游戏奖品

图 32　展厅结尾处 观众体验多人互动竞答游戏

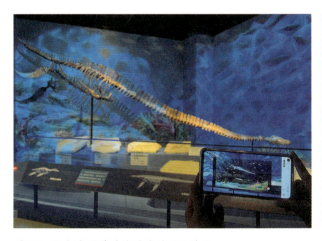

图 33　观众使用移动终端体验 AR 动画

图 34　观众佩戴眼镜体验 AR 动画

传承传统艺文　品味珠海魅力

　　《传统艺文·民俗文化》（古今珠海人·传承在民间）展览位于珠海博物馆二楼第六展厅，为珠海博物馆常设展览，于2023年荣获第四届广东省博物馆陈列展览精品奖。展览于2020年11月3日正式对公众开放，截至目前共接待观众约120万人次。

　　展览由"古今珠海人"和"传承在民间"两大部分组成，相互呼应，让观众从中领略当地的传统、传说、民俗、物产和故事。其中"古今珠海人"通过南迁移民潮、盐场灶户、地方乡绅、皇族与官家、珠海红色三杰、异乡珠海人等内容，记录珠海人的源流和历史档案；"传承在民间"则展示了古今珠海人极具特色的民俗风情，包括水上婚嫁、装泥鱼、三灶鹤舞等41项非遗项目。该展览在设计理念上独具匠心，再延伸到施工制作、宣传教育、学术活动、文创开发以及虚拟展览等方面。（图1、2）。

一、摆脱传统设计理念　营造全新观展体验

　　展览选题从珠海的地方历史与民俗文化两个角度出发，针对族群、时代、岁时与环境等主题，梳理历史文化脉络、介绍本地的生产和生活，强调原创的初心。

　　展品选择则跳脱了陈列式展览对"高价值文物"的依赖，依据展示内容，选取具有时代特征、展现人物个性、体现本地特色的历史遗物。鼓励观众参与——细赏、触摸、了解工艺细节等。此策略更易于拉近现代观众与历史人物及传统文化的距离。

图 1　珠海博物馆《传统艺文·民俗文化》展厅

图 2　传承在民间（三灶鹤舞）

空间规划上，"古今珠海人"部分每个重要氏族皆有其专属展区，相互比邻形成外环区域，具有代表性的建筑元素恍如身临其境；"传承在民间"部分则位于展厅中心，由呈现着十二节气繁荣景象的展板围合，如同传统聚落中的公共空间；包含十大展示群，以不同材质、体量的展品落于地面或悬吊于上方呈现丰富多彩的非遗文化；两大展示皆为模块化设计，空间上灵活排列、参差有序。落于地面和空中悬吊的各种展示设施，拓宽了更广阔的观展视野。展板以材质、视觉特征、非典型文字的排列等清晰区分重要等级。灰阶与全彩的使用，兼顾视觉传达和内容说明，暗示了时代的远近、考据和揣测、传说与真实；轨道系统照明提供了一个舒适、节能、便于调整的视觉环境；整个展厅中心丰富热闹、戏剧性强；四周沉稳恬静、家族氛围浓厚。展览避免了空间硬体分隔，发挥了建筑内大尺度空间的价值，适当引入自然光线，建构开阔、连贯、自由、有机、大气的开放式展示空间；同时不设强制参观流线，采用线性的"古今珠海人"和模块化的"传承在民间"循环的展示结构，排列灵活，方便未来扩充更新。

值得一提的是，整个展览 95% 以上为中英双语表述，最佳地保证了外语观众的观展深度。

二、制作工艺高要求　安全设施标准化

展览制作施工严格按"高、精、尖"标准，制作精良。展柜按展览需要设计龛柜、中心柜等多种形制，由专业厂家制作。展架、展台等则采用哑光乱纹不锈钢脱酸焖漆处理，重要文物单独定制。展览合理利用各种创新材料：如天花异形铝拉网悬吊、部首说明展板为 PETG 板夹丝带及蜂窝板、阳光板、喷漆石面铝板等。展览制作还使用了绿色环保材料，如硅酸钙板、阻燃电线、难燃夹板、隔断消防玻璃等，完全满足建筑、装饰工程、环保、安防、消防要求以及国家相关规范。

同时，采用两套系统分别控制展厅和展柜的环境，展厅由中央空调 24 小时控制空间大环境，恒温恒湿空调 24 小时控制展柜微环境。系统实时在线监测温湿度，保证温湿度处于相对稳定状态。温度设定为 20℃，日温差不超过 5℃；湿度为 55%，日波动不超过 5%；展厅管理人员实时关注展品状态，每天闭馆后进行保洁；每周一对展览进行专项维护。

展区按一级风险等级设防，采用 24 小时实时监控、有线报警系统、无线报警系统并行的综合性技防措施，同时设有专职保安、展厅管理员、开放服务秩序维护员负责安全工作；重要文物展柜设有特别防护措施，展线和展厅出入口有专人管理，应急照明、消防栓及灭火器等放置规范、标识清晰。展览装修装饰材料均符合消防安防等规定（图 3）。

图 3   古今珠海人展示区

三、宣传推广丰富多样   观众服务细致周到

开展以来，多家知名媒体到馆采访，共有报道展览媒体数量 15 家，展览宣传报道数量 40 篇；其中，《羊城晚报》、《南方》杂志、南方网、珠海电视台、《珠海特区报》、《珠江晚报》、《澳门日报》等省、市级媒体及港澳媒体先后对我馆展览进行报道和转载。同时，"学习强国"平台及多个微信公众号也对展览表示关注，并撰文进行介绍宣传。珠海文化广电旅游体育局、珠海博物馆等各级网站和微信公众号均有专门的展览宣传板块。

展馆配备母婴室、医务室、观众休息室，有观众饮水机、手机充电站、轮椅、婴儿车、急救药箱等，满足观众需求。有观众咨询台（4 处）、导览手册、宣传折页、语音导览设备等。自开馆至 2023 年 12 月，共开展讲解服务 2376 批次；志愿活动 230 批次，志愿者 3495 人次，其中小志愿者 2576 人次。展厅内还设置了观众留言簿，可供观众留言或提出建议（图 4）。

四、探索深度融合   助推传统文化深入人心

《传统艺文·民俗文化》展览从立项、策划论

图 4　青少年志愿讲解员

证到展览开放，时间跨度近十年，广泛采纳社会各界及地方专家的意见。同时还配套举行了类型多样的青少年教育活动，如珠海地区民俗表演、青少年志愿讲解员培训等，通过馆校共建平台，为青少年志愿讲解员提供展示平台，在中秋、国庆等节假日为观众讲解"古今珠海人""珠海红色三杰""传承在民间"等板块内容。

选取《传统艺文·民俗文化》展览中的"石溪摩崖石刻"开发主题文创产品，2023 年度珠海博物馆《文创卷轴——石溪摩崖石刻》作品荣获 2022—2023 年度广东博物馆文创精品推介活动优胜奖（图 5）。

图 5　"石溪山摩崖石刻"卷轴

五、虚拟线上展览　开启"云观展"之旅

VR 虚拟展览产品设计和开发是珠海博物馆信息化工程的重要组成部分，包含展厅和文物两部分，利用虚拟现实技术还原展馆实景给观众。目前已通过 VR 虚拟技术，将珠海博物馆基本陈列及临时展览制作成虚拟展厅，在官网及公众号向观众展示。

六、畅游精品展览　尽享城市魅力

珠海市位于广东省南部、珠江出海口西岸，濒临南海。南宋绍兴二十二年（1152 年），香山建县，当时珠海大部分地区属香山县辖地。三灶岛草堂湾遗址，淇澳岛后沙湾遗址，高栏岛宝镜湾遗址出土的石器、陶器表明，五六千年前，南越先民就在今珠海地区生息繁衍，创造了独具特色的海洋文化。珠海得天独厚的地理条件，古往今来吸引了不少外地人群移居到此。珠海历史就是一部移民史。

《传统艺文·民俗文化》（古今珠海人·传承在民间）展览想要表现出珠海这个移民城市的本质。展览"古今珠海人"部分从历史上九次移民潮说起，以五个族群划分的方式，由古至今讲述了十一个主要家族、数十位重要历史人物以及当代珠海人的故事，凸显珠海作为移民城市的特质，同时展现数代珠海人在岭南地区、中国甚至世界范围内，于各个领域的突出成就。"传承在民间"部分则以"风土"

结合"岁时"的方式，介绍珠海41项非物质文化遗产，强调正是这片土地的风土特质与珠海人世代的生活哲理，让珠海得以发展出这些丰富而多样的民俗文化，同时各项非遗也展现出了多元开放的珠海形象。"古今珠海人"与"传承在民间"二者互为依托，有史料物证和资料汇整，也有更大范围的延伸比较。内容不仅包含历史背景与发展始末，更纳入与之相关的各种信息与知识；形式上尊重客制化的参观，虽无强制动线，但有脉络可循；思路上摒弃了传统的民族史观，呼应着国际化的海洋思维与认知，也实现了现代博物馆鼓励的"跨领域"思考和探讨。通过传统文化品味珠海这一城市的独特魅力品格（图6～11）。

珠海博物馆供稿

图6　《传统艺文·民俗文化》展观众观展

图 7 《传统艺文·民俗文化》展观众观展

图 8 《传统艺文·民俗文化》展厅

图9 《传统艺文·民俗文化》展厅

图10 《传统艺文·民俗文化》展厅

图 11 《传统艺文·民俗文化》展厅

"加强宣教合作，优化巡展设计"提升展览影响力的策略探讨
——以"只此绚丽——广州出土汉代珠饰展"为例

伴随经济和文化事业的高速发展，人民对高质量精神文化的追求也越来越强烈，优秀的原创展览往往能够通过历史文物陶冶人们的情操、提升人的品质，满足人们对精神文化的需求。本文以2022年5月至10月，由广州市文物考古研究院、南汉二陵博物馆举办的"只此绚丽——广州出土汉代珠饰展"[1]及后续系列巡展为例。通过策展团队的精心设计、广泛宣传，使得广州出土汉代珠饰，以"璀璨夺目""匠心独运""珠玉在侧""美美与共"的方式展现，让公众通过最大程度的"参与"了解珠饰文物的艺术之美、制作工艺、文化承载等信息。同时，展览还深入挖掘海丝文化历史底蕴，积极开展相关考古和历史文化研究成果的转化和传播，在内容、形式以及相关社教、文创开发等方面均进行了创新实践，取得了良好的社会反响。展览获"第四届广东省博物馆陈列展览精品奖"，并获评"扬帆出海：中华文明国际展示推介活动"优秀展览项目。

通过策展人视角，综合分析一次成功的原创展览开展的系列宣教合作和后续系列巡展，探讨如何通过加强宣教合作、优化巡展设计等创新策略提升原创展览影响力，分享策展人以及单位在相关工作上的深度思考和多维探索，促使后续优秀展览都能实现跨领域、跨地区、跨国界的宣传推广，获得最好推广效果，为文博同行践行传承历史文化、推动社会进步的伟大使命的行动添砖加瓦。

1. 龙丽朵：《海丝考古成果展示的创新实践——以"只此绚丽—广州出土汉代珠饰展"为例》，《文物天地》2023年第11期。

一、加强协作创新，大力推动跨领域合作

原创展览在馆校合作、研学活动、文创开发、创新展陈形式等方面，加强多领域协作创新，积累了丰富的经验。具体如下。

（一）依托馆校合作，通过"展线辅助展品研发-展览志愿服务与活动-展览内容参外展-图片展送外展"四层级、递进式合作模式优化展陈形式，加强展陈宣传

（1）设计展览辅助展品，丰富展览参与形式

展览通过广州美术学院玻璃实验室师生团体将文物活化利用，摘选展品中广州出土汉代珠饰元素，以不同颜色、不同形状、不同制作工艺的玻璃珠饰为母题，完成"广州出土汉代珠饰复刻品"和"广州出土汉代珠饰活化艺术品"两个系列辅助展品。其中，复刻品系列旨在对汉代出土珠饰尽可能地还原复刻，供体验者零距离感受本土绝美珠饰文物的魅力；而活化艺术品系列旨在让文物"活"起来，设计符合当代审美潮流的艺术品。同时，展览开幕式现场展演复原广州汉代蜻蜓眼玻璃珠的烧制技艺，让珠饰焕发新生。

（2）通过走秀、展演、志愿服务等方式吸引青年群体参与展览

开幕式珠饰走秀、展演大量选用高校和社会的志愿者，覆盖不同年龄层、不同领域，为观众呈现了一场穿越时空的视觉盛宴，让历史场景变得鲜活而生动。同时，在展览讲解服务中，通过志愿者队伍引入新鲜血液，为观众提供免费讲解服务，极大增加了青年群体参与度，为展览宣传带来更广泛的宣传力度。

（3）紧扣相关主题，融合宣传展览

展览期间，恰逢2022年国际玻璃年的到来，为深入拓展合作研究，在广州美术学院师生艺术展览策划中，部分引用"只此绚丽——广州出土汉代珠饰展"及"岭南出土汉唐珠饰与海上丝绸之路研究"课题项目成果，用于展览内容和传播古代玻璃文化。通过相关主题的交叉融合，增加了相关文化交流的频度和程度，间接促进了展览宣传。

（4）丰富展陈形式，以图片展方式进入相关机构

为持续拓展跨领域合作，加强考古成果传播，展览以图片展形式，走进广州南华工贸高级技工学校、广东省南华珠宝职业培训学院、广州市南华珠宝矿物博物馆，为民间博物馆、中专技校等，尤其是珠宝专业的同学提供设计、制作、工艺、鉴定甚至营销方面的灵感，刷新大家对汉代珠饰及珠饰所呈现的汉代广州人生活的认知，激发对珠饰、对文物及对中华优秀传统文化的好奇心、想象力和探求欲，坚定文化自信。立足馆藏，推动博物馆教育资源开发应用，为学生跳出专业局限、拓宽思路提供更多可能性。

（二）开发少儿研学课程及手工作品，举办少儿美育成果展，探索博物馆社会美育的新路径

展览期间，通过与美育机构合作，组织了三期少儿探究式导赏研学。通过深入浅出的讲解，配合研学手册，孩子们在美术老师的指导下创作了珠饰文物相关绘本和手工作品，举办了"只此绚丽"配套少儿美育展。通过研学体验及美术创作，让孩童们关注珠饰五彩斑斓的色彩、琳琅满目的形状、独具特色的装饰。

通过天马行空的故事想象，配上治愈的色彩搭配，我们得以一窥孩童眼中的"只此绚丽"。30多位青少年通过自己的原创绘本和手工作品演绎、分享创作的趣事和游学感受。小朋友们的心灵充满了对这个世界最巧妙的想象，通过美术作品的形式给予了最好的诠释和展示。作品类型多样，想象丰富，既有魔幻的想象和故事创作、情感和爱的表达、生活的记录和艺术加工，又有对

研学课程的体会与再创作、职业想象等。少儿美育研学课程，对于孩子们来说不仅仅是一次寻宝、探宝的体验，在领略、感受到考古出土文物魅力的同时，也为美育创作提供大有可为的艺术空间。孩子们通过小小珠饰，探寻古人智慧的奥妙，感受艺术的绚烂。不仅丰富了中小学生暑假活动，推动了社会美育事业，也是博物馆教育的新路径新探索。

（三）注重市场需求，选择最合适的合作机构开展文创开发

文创开发不应该仅作为博物馆牵头完成的任务，更应是一种以市场需求为指导，选择实际可合作的机构、民间博物馆等联同完成的一项新举措。原创展览依托民间玻璃博物馆，从烧制工艺选择、玻璃选料、建模开模、打样、喷砂，协同完成文创产品实际制作，以出土于广州市越秀区恒福路银行疗养院西汉墓的无色透明玻璃杯为原型，以文物裂

图1　开幕式展演、烧制技艺现场演示（摄影：关舜甫）

痕作为设计元素，烧制展览配套文创——"琉"光溢彩玻璃杯套盒。相关文创产品不仅符合展览文化宣传的要求，也契合公众对艺术品收藏和实用性的要求，极大促进了展览宣传推广（图1～5）。

图2　现场导赏活动（供图：广州市南华珠宝矿物博物馆）　图3　展览内容参展广州美术学院师生艺术展览（供图：龙丽朵）

图4　研学课程剪影及少儿美育成果展（摄影：肖洵、卢德华）

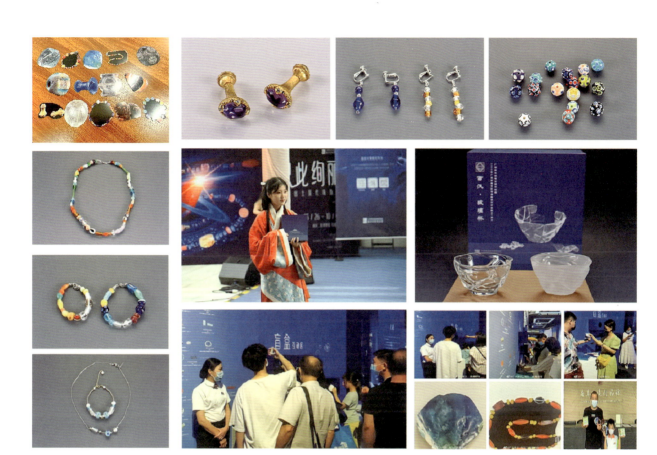

图5　展览文创（供图：广州市文物考古研究院）

二、注重科技和新媒体利用，创新展陈方式

　　当下，科技快速发展、新媒体不断融合，做好展览创新设计与科技和媒体的深度融合是非常重要的，这样既能保证在新媒体时代的背景下新型科技给展览设计带来的实际效果，营造更好的展览空间，提升参观者的观赏效率；又能利用新的技术实现人与人之间信息的快速传播，促进社会的和谐发展。

　　原创展览通过科技公司的实景复制技术对展览进行了数字化还原，将线下展览"搬到"互联网上，

在互联网中为人们营造出"永不闭幕"的展览景象，提供沉浸式的观展体验。公众可以不受时间、空间的限制在互联网上进行虚拟参观，"随心所欲"地在虚拟展厅中进行漫游，观看广州考古发现的汉代珠饰，了解汉代岭南与周边地区，乃至与东南亚、南亚、西亚及地中海沿岸地区通过海路进行的贸易往来和人文交流。整个虚拟展览采用720° HDR高清全景技术，包括亿级像素的全景场景43个，图文热点146个，视频热点4个，若观众对展厅中的某件展品感兴趣，随时点击虚拟展厅中的热点按钮，就能欣赏展品高清图片，收听语音讲解，观看相关

图 6　展览全景图 示例

图 7　五场线上线下联动学术讲座 海报（设计：张丽媛）

视频。

同时，展览宣传除依托传统媒体外，也充分通过线上、线下联动，利用微博、微信公众号、抖音等短视频平台、文博界大 V 号、文旅自媒体发布等方式优化宣传渠道，获得良好的宣传效果（图6、7）。

三、借力文博共建共享平台，优化巡展设计

上文着重分享了原创文物展的合作模式，相关探索大多依托主办单位影响力即可实现，但如何实现展览社会影响的最大化、广泛化和长远化，是许多优秀展览都会面临的挑战和思考。鉴于此，策展团队通过多方交流，寻求了更高、更广领域的平台帮助，在与广东省博物馆合作下，开展了一系列富有影响力的巡展，实现了跨地区的合作交流，也极大提升了展览知名度和影响力。

展览主办单位南汉二陵博物馆 2019 年正式对外开放，到"只此绚丽"展举办时仅 4 年时间，社会影响力和号召力不足。而广东省博物馆是一座国家一级博物馆，在广东省乃至全国都有着巨大的影响力和号召力，其资源、财力都可以为多方合作助力、发挥影响。2022 年，正值广东省流动博物馆首次向全国征集巡展项目。展览所涉及的费用，包括运输、布撤展服务、保险及差旅等费用，原则上由广东省流动博物馆承担。为了进一步让省内观众共享展览

成果，助力文博资源共建共享平台作用的发挥，广州市文物考古研究院将该展览报送广东省流动博物馆展览库，并纳入 2023 年拟展展览项目。展览由广东省博物馆、广州市文物考古研究院、南汉二陵博物馆、海上丝绸之路（广州）文化遗产保护管理研究中心主办，广东省流动博物馆承办，并于 2023 年先后在中山市博物馆、佛山市祖庙博物馆、惠州市博物馆三地巡回展出。展览受到当地观众热烈欢迎，每展入场观展人数少则 6 万余人，多则 8 万以上观众参与，取得了极好的效果。相关合作的开展，既是响应国家"一带一路"倡议，传承弘扬海丝文化，多方展示广州考古成果，讲好广东故事的举措，也是将展览服务多地公众，推动合作走向共赢的扎实成果。通过巡展，加强与大湾区各城市的文化交流，深入推动"文化兴城"，促进"人文湾区建设"。

珠饰自古以来就是人们喜爱的对象，广州出土汉代珠饰美不胜收，在观展的同时，落地各式各样的社教活动，如珠饰复刻品试戴、汉服珠饰佩戴走秀、串珠 DIY 等。在展览举办的每一站，这些活动场场火爆，需要不断增加场次以满足观众的要求。这也使博物馆进一步发挥展览教育效能，让观众深入感受汉代珠饰之美、技术之精，了解珠饰背后的人文交流。通过巡展及系列活动，作为有关文博机构坚持开放合作共享的重要成果，快速搭建起博物馆与公众沟通互动的公共文化平台，通过汉代珠饰文化宣传活动，极大增进了文化交流和传承，也进一步促进了原创展览影响力提升（图 8 ～ 11）。

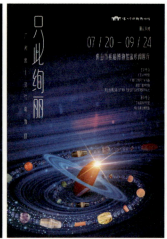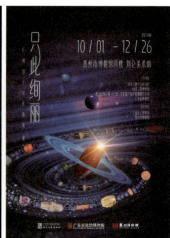

图 8　三站巡展的主视觉海报

图 9　消防联动活动、珠饰挂饰手工制作、彩珠樱花制作活动（供图：惠州市博物馆）

图 10　汉代珠饰文物复刻品试戴体验、汉服观展、串珠活动（供图：中山市博物馆）

图 11　志愿服务、亲子活动、汉服珠饰佩戴走秀（供图：佛山市祖庙博物馆）

四、积极推动国际合作，提升中国文化海外影响力

原创展览以最新海丝研究成果，展现不同地区之间的贸易以及科技文化的交流、影响与融合，反映了两千年前海丝交往的风貌及岭南古代社会经济、贸易、技术与文化的发展和交流，凸显广州在汉代海上丝绸之路的重要地位。马六甲是15世纪开启的全球贸易与文化交往的重要枢纽，也是中国"一带一路"倡议下文化交流的重要城市。马六甲州与广东省是友好省州，交流频繁。

基于以上情况，展览获得了一个宝贵的巡展机会。广州海丝申遗城市联盟办公室、广州市文化广电旅游局牵头，在"只此绚丽——广州出土汉代珠饰展"基础上，通过深化内容和形式设计，赴马六甲市举办了"只此绚丽——广州出土汉代珠饰图片展"，以历史悠久的海上丝绸之路为展示主题，结合海上丝绸之路的萌芽期、发展期、繁荣期以及海丝申遗，讲好广州故事、海丝故事和中国故事。

通过与马来西亚马六甲当地文化馆共同承办展览，在共商对话中，通过图文的形式，向当地民众展示汉代珠饰的艺术之美，及其承载的制作工艺、技术传播和东西方人类文化交流、文明互鉴等历史信息。希望当地的民众能够共赏文物之美，也期待未来通过此文化传播平台，能够展示更多的中国乃至世界古代优秀文化成果，丰富当地民众的文化生活。同时，也有益于推动世遗城马六甲与中国海丝遗产城之间的文化旅游和遗产的合作（图12～15）。

图12　手作珠饰活动

图 13　展览题签板

图 14　现场导赏

图 15　展览洽谈引进其他地区（供图：马来西亚马六甲郑和文化馆）

五、总结

优秀的原创展览，是引导公众通过文物理解与之有关的知识和思想内涵的重要载体，通过合作模式大胆创新、跨领域合作、注重科技元素应用、加强国际交流等策略提升展览影响力，更有助于公众通过展览关注自己的精神需求和内心世界，培养人们的审美素养和人文精神，激发人们向往、建设美好生活。同时，加强文博机构与社会各界的合作，也有助于推动文博资源共建共享平台的发挥，从而实现跨领域、跨地区、跨国界的文化交流，深度诠释博物馆展览为人们创造更加美好的生活环境和社会氛围这一主题。

广州市文物考古研究院
[南汉二陵博物馆、
海上丝绸之路（广州）文化遗产保护管理研究中心]
供稿

Keyuan Museum

"容"归故里·"容庚与东莞"主题展览：
系统立体解读容庚的学术人生

容庚先生是我国著名的古文字学家、书法家、收藏家，曾入选1949年以来已故文化界、书法界百人名单，是两位入选的东莞人之一。近年来，东莞持续打造容庚历史文化名人IP，于2021年8月5日至11月5日推出《"容庚与东莞"主题展览》，广受文博界、学术界、艺术界关注，深受广大市民特别是青少年学生欢迎。在当时疫情防控限流形势下，现场参观人数达13.6万人次，线上展览浏览量超过30万次；央媒、省市媒体及行业媒体高度关注，各类报道达169篇。新华社、文旅中国、《凤凰周刊》等媒体刊发了整版报道或深度特稿，引发了现象级社会反响（图1）。

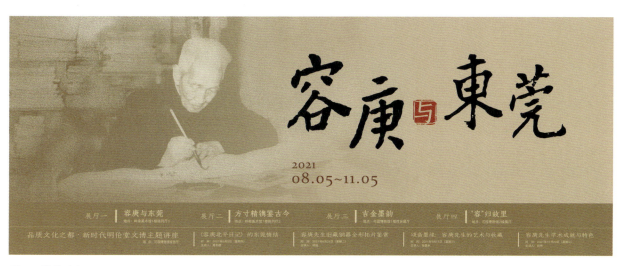

图1 展览海报

一、展览选题

（一）发挥本土历史文化名人的教育意义

容庚先生出生并成长于东莞，是东莞先贤的典范、东莞人民的骄傲。第一，南粤小邑东莞为何能够孕育造就容庚？第二，年少容庚治学为何始于金石？第三，容庚何以从中学生成为学术大家？"容庚与东莞"主题展览系统研究梳理容庚生平及学术成就，解答以上三个问题，呈现容庚学术人生，让东莞市民特别是青少年群体深入了解容庚，展现家庭教育对孩子成长的影响，发挥容庚精神财富的重要教育意义，让更多家长认识到家风熏陶、家学浸染的重要影响。

（二）提升和展示东莞城市形象

"容庚与东莞"主题展览深入挖掘和展示东莞作为家乡给予容庚的滋养和影响，结合大范围、多形式的宣传报道，弘扬优秀传统文化，增强文化自信，彰显东莞深厚的人文内涵和绵延的历史文脉，提升东莞城市文化软实力和影响力。

图 2　研究论文

研究，全面完整地深挖容庚先生生平与治学历程、艺术、鉴藏成就，以及与众多文化名人亦师亦友的学术交游（图 2）。

二、扎实深厚的策展研究

展览立足于扎实的研究，策展前期参考引用专著 45 部、论文 50 余篇，完成研究论文《从地缘亲缘业缘看东莞对容庚先生治学的影响》，获得东莞文史专家杨宝霖先生的高度评价。对容庚生平、学术、艺术、鉴藏进行了历经一年的系统梳理和深入

三、系列化的展览构架

策展组巧妙地将对容庚生平及学术的研究成果转化为展览内容，以"容庚与东莞"为主题，定位为学术性、艺术性、本土性人文主题原创展，由四个部分构成多角度、系列化展示体系。

（一）"容庚与东莞"从地缘、亲缘、业缘解答"南

粤小邑东莞为何能够造就容庚？""容庚治学为何始于金石？""容庚如何从中学生成为学术大家？"3个开篇设问问题，全面呈现容庚成长、求学、治学之路，阐释东莞对容庚治学的影响，让观众在参观中形成答案。一问一答之间完成首尾呼应，构成完整的人物叙事和展览结构，从而引发情感共鸣、传导容庚精神品质。

（二）"方寸精镌鉴古今"系统追溯容庚学术缘起。以《颂斋藏印》原钤印谱为基础，辅以文献及钤印书画，首次全面系统展示容庚藏印艺术，通过"颂斋治印""尔雅赠印""同道之印"三部分，解读容庚自刻自用及收藏的名家印章176方，展现其不凡的印学成就、独到的艺术鉴赏力及与印坛时贤交往之情谊，让观众领略篆刻艺术之美。

（三）"吉金墨韵"部分呈现容庚金石鉴藏及学术交游。首次专题展示容庚旧藏全形拓片62件，分类释读拓片器物、题跋、印鉴背后的历史信息，呈现传统传拓技艺的艺术魅力，生动反映容庚先生的学术交游、鉴藏逸事及学人风范。

（四）"'容'归故里"呈现容庚艺术造诣及家国情怀。从容庚作品和收藏两个角度，凸显容庚以学治藏、以藏益学的治学方法，及为国收藏、无私奉献的家国情怀，展现容庚的学养及艺术造诣，并以场景局部复原，呈现儒雅学者形象之外更加真实而有趣的容庚。

四、艺术化的展陈设计

容庚有很深的艺术修养，策展组从他的书画作品及艺术收藏中获取很多灵感，提取大量艺术元素，用于展陈设计，营造简约空灵、大气雅致的氛围，跨时空再现容庚形象，升华展览主题（图3～11）。

图3 充分利用800平方米不规则空间，层高13米的空间优势，取材容庚画作《秋山无尽图》设计巨幅挂屏，寓意先生学术的深广

图 4　以容庚不同阶段照片叠加立体造型艺术，进行空间区划并延展内容

图 5　以卷轴、古籍造型营造书香氛围

图 6　互动观影区室内播放纪录片《追望容庚》，室外投影容庚书画作品，打造沉浸式观影空间

图 7　第二部分"方寸精镌鉴古今"以《颂斋藏印》原钤印谱为视觉中心，进行空间和内容延展，精选印谱中的钤印在展墙上精准放大并解析

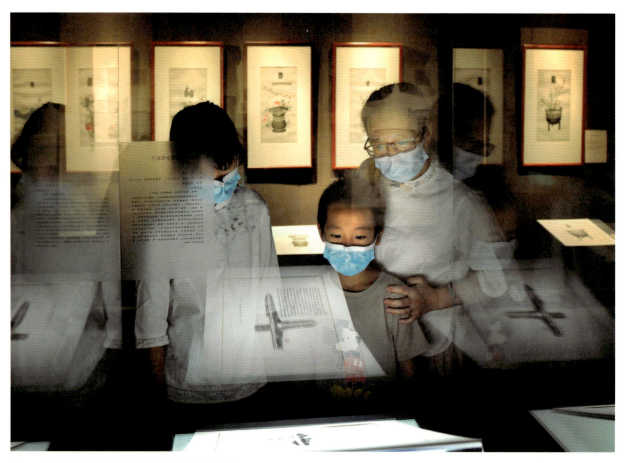

图 8　马衡题跋的"侯戈"等重点文物突出展示

图 9　第三部分"吉金墨韵"展厅突出矩阵展示效果

图 10　小写意画与古朴的全形拓片相映成趣

图 11　复原容庚晚年中山大学居所的客厅场景

五、多元化的教育推广

我们以主题展览为核心，配套文博讲座、博物馆之夜、夏令营、文创产品等，构建"1+4"教育推广体系。

展览文创产品共推出 3 个系列 9 个品种文创产品，丝巾装饰容庚为女儿容璞、容瑾、容珊画的居派画，文创包装饰容庚金文书写鲁迅名句"俯首甘为孺子牛"，呼应 2021 年的生肖"牛"（图 12 ～ 16）。

图 12　针对专业受众，联合中华书局精心策划文博讲座，对应展览的四个部分，邀请《容庚北平日记》整理者夏和顺、广东省立中山图书馆副研究员林锐、中山大学古典文献学博士梁基永、中山大学权威学者田炜深度解读容庚的生平、鉴藏、艺术及学术

图13　针对广大市民，于中秋之夜举办"'容'归故里邀明月"主题活动

图14　针对青少年，先后开展4场"走近容庚——'可园小学士'夏令营"（展览导赏）

图 15 "走近容庚——'可园小学士'夏令营"（金文识读）

图 16 "走近容庚——'可园小学士'夏令营"（拓片制作）

六、精准化的传播发布

本次展览宣发，我们制定了贯穿三个月展期的策划案，根据重点和亮点按阶段、分节点投放，有序传播。央媒、省市媒体及行业媒体高度关注，各类报道达 169 篇。央视一套晚间新闻对展览开幕进行了现场播报，新华社、文旅中国、《凤凰周刊》等媒体刊发了整版报道或深度特稿，引发了现象级社会反响。

"容庚与东莞"主题展览是东莞文博界的一次有益探索与尝试，获得社会各界赞誉、反响非常热烈的高水平展览，是历史人文类专题展览策划的典型案例。中央、省、市相关领导，高等院校、文化文博机构、学术界、艺术界相关专家前来参观，给予较高评价。在疫情防控限流形势下，现场参观人数达 13.6 万人次，同时推出的线上展览浏览量超过 30 万次，成为全市各部门、镇街党员干部和学校师生了解东莞历史人文的重要平台。此外，"容庚与东莞"主题展览细致深入的策展工作，以及开展以来的巨大反响，深深触动了容庚先生亲属。

东莞市可园博物馆供稿

NANYUE KING MUSEUM

"四海通达——海上丝绸之路（中国段）文物联展"
展览手记

2021年9月，"四海通达——海上丝绸之路（中国段）文物联展"（以下简称："四海通达"展）在南越王博物院开幕。作为南越王博物院成立后的首个大型原创展，"四海通达"展汇集了21个申遗联盟城市31家文博单位的"海丝"主题文物精品，长时段、多角度、跨区域地呈现了中国古代海上丝绸之路的总体面貌，成为当年"海丝"主题类展览的一个典型案例。

作为近年来博物馆展览的一个热门选题，各地"海丝"类展览层出不穷。为了避免与其他相似主题展览的同质化，展览团队从展览叙事、呈现方式、宣传推广、学术研究等方面进行了探索，以期在全面呈现中国古代海上丝绸之路文化面貌的同时，达到学术性与趣味性的平衡。

一、展览缘起

中国是古代海上丝绸之路的重要片区。在2000多年间漫长的海岸线上，各港口城市通过海上丝绸之路与亚洲、非洲、欧洲各国开展经济贸易、技术传播、人员往来和文明交流互鉴，留下了丰富的文化遗产，铸就了深厚的海洋文明。

2017年4月，海上丝绸之路保护与联合申遗城市联盟成立，广州被推举为牵头城市，目前联盟城市已达34个。近年来，在国家文物局领导和专家指导下，各联盟城市密切协作，积极开展海丝遗产的保护研究、展示利用、宣传推广等工作，共同保护海上丝绸之路史迹，传承海上丝绸之路文化。"四海通达"展即是联盟城市深度合作的重要成果。

该展览由海丝保护和联合申遗城市联盟、中国文化遗产研究院、中国博物馆协会主办，广州市文化广电旅游局、广州市海丝申遗办、各联盟城市申遗办共同承办，共展出来自广州、南京、宁波等 21 个城市 31 家文物收藏单位的 383 件文物精品，分"港通四海""货达天下""异宝西来""海事千年"和"交流互鉴"五个部分，力图为观众朋友们呈现古代海上丝绸之路"绵亘万里、延续千年"的宏阔历史图景，"交得其道、千里同好"的生动人类故事。

基于这一背景，"四海通达"展承担着多项"任务"，也面临着多项挑战：一是需全方位呈现中国古代海上丝绸之路的总体面貌，而不能仅就某个主题，如贸易品、造船技术等进行展示；二是展品时间跨度大、类型多样，需要将其有机地纳入展览，既契合主题，又不凌乱；三是参展单位众多，涉及多个区域，需要反映不同区域的海贸特点；四是平衡展览主题的宏大与观众对趣味性的需求。在这样的情况下，展览团队对展览叙事、形式设计、宣传推广等方面做了一系列尝试。

二、展览叙事

在展览主题、目标，甚至展品都基本确定的情况下，好的展览思路、优秀的展览叙事就成为展览成功的关键。

（一）从纵向叙事转向横向叙事

在"四海通达"展览叙事的探讨过程中，纵向的长时段叙事，即按照由早到晚的时间顺序呈现长时段的海丝发展脉络，是展览团队初期考虑的重点。但如此一来，不同区域的特点很难呈现。根据较新的研究成果，中国东部沿海区域可以大致划分成包含多个节点的交流活跃区，如黄渤海活跃区、长江流域活跃区、东海与台湾海峡活跃区、南海活跃区。每个活跃区的形成机制、主要贸易对象、发展过程都不尽相同。由于纵向叙事无法凸显这些不同，因此，我们最终采用了横向分主题式叙事，并着重呈现物的社会属性，以增强展览的趣味性。同时，围绕"海丝"主题，分成以文物、说明牌、柜内板、柜外板 4 条相互补充的线索从不同侧面向公众阐释古代海上丝绸之路上的生动故事。

（二）宏观与微观叙事相结合

"四海通达"作为一个宏大的主题，极易形成宏大叙事。为了避免宏大叙事造成的细节感缺失，展览团队将其分解为五个主题"港通四海""货达天下""异宝西来""海事千年"和"交流互鉴"来阐述海上丝绸之路的不同方面（图 1～5）。其中，"港通四海"为海上贸易设置了宏观背景；"货达天下""异宝西来"分别从"输入品"和"输出品"的角度呈现双向交流；"海事千年"呈现繁荣的海外贸易背后的制度保障和技术支持；"交流互鉴"是整个展览的升华和与当今"一带一路"精神的联结。这些主题逐层递进，分别从物质层面、制度层面和精神层面讲述海上丝绸之路的文化内涵，从而

图1 第一部分"港通四海"展示效果

图2 第二部分"货达天下"展示场景

图 3 第三部分"异宝西来"展示场景

图 4 第四部分"海事千年"展示场景

图5　第五部分"交流互鉴"展示场景

将宏大叙事分解到不同的主题中，化抽象为具体。另外，还在每个主题之下，发掘反映"大社会中的小人物"的文物，补充了大量细节，使展览更具人文关怀。比如展览中所展示的潮汕人出国时必备的过番三件宝（市篮、水布、甜粿）（图6），结合潮汕民谣"一溪目汁一船人，一条浴布去过番。钱银知寄人知返，勿忘父母共妻房"，使观众直观地感受到过番之不易。

图6　过番三件宝（市篮、水布、甜粿）

三、展览形式

（一）空间规划

在展览形式上，"四海通达"展需要克服展厅本身的局限。展览所在区域位于南越王博物院（王墓展区）。这一展馆为20世纪80年代末建成的历史建筑。展览五个部分的内容被分隔到两个楼层三个展厅（图7、8），因此在空间规划上，如何弱化物理空间造成的分隔，并将展示内容与展览空间有机融合，成为我们思考的重点。针对这一问题，展览制作了以瓷器、象牙扇、海波纹为设计元素的展标（图9），并在相应区域重复出现，从而营造出整个展览的统一感。另外，在展线设计上，兼顾整体的统一及各厅的特殊规划，以观展的最佳路线呈现文物铺陈和内容宣叙。具体而言：第一展厅以"港口和航线"的宽宏叙事和"中国货物"的通达景象进行度量；借助跃层和走廊暗基调的间奏氛围导入第二展厅，着眼异域文化，兼容并蓄，

利用轴对称展柜，伴随"海事千年"进行"由物及道"的主题推展；"海事千年"部分以环绕式迁进至同一楼层的第三展厅，与回旋式"交流互鉴"所呈现的形制上下接续遇合。同时，儿童活动区、商店及休息区，为观众提供愉悦、持续且有针对性的服务体验。这些设计打破了展线的单一性，适时缓解观众参观的单调感。

除此之外，展标还被制作成文创胸针（图10）和盖章主题纹饰，使得展品、展标、展览衍生品共用一套完整的形式设计语言，提升了展览的辨识度，使得观众观得了展，看得到文物，带得走文创。

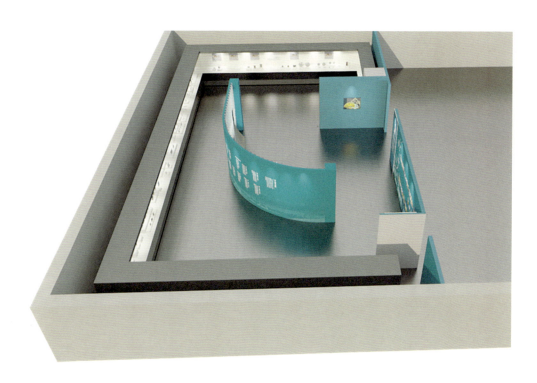

图7　第一展厅空间布局图

图 8　第二、三展厅空间布局图

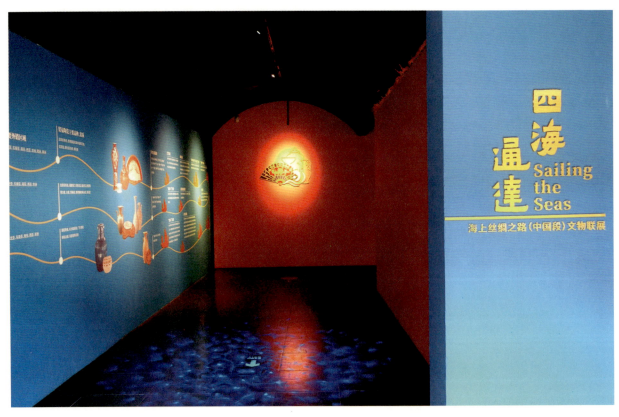

图 9　"四海通达"展示场景及展标

图 10 "四海通达" 文创胸针

(二) 艺术表现

展览紧密围绕"四海通达"这一宏大主题，在设计语言上推陈出新。由于参展城市众多，器物类型、材质多样，因此在设计元素选取上，更多考虑其故事性，抽取对象往往代表多个维度的意象，如：代表丝绸的扇子、代表香料的银盒、代表交流活动的外国人头像象牙印章、装饰航海图的瓷盘等。

在色彩体系上，除了序厅以海蓝为基调外，每个部分的色彩构成上分别对应港口航线、输出品、输入品、海事管理、交流互鉴五个主题，以"海蓝""烟紫""砂红""日黄""天青"交互呈现，强化展览的戏剧冲突和旋律性。新材料的运用和造型美学的科学呈现也是本展览的重点。在整体设计中，注重强调材料透明度、质感和工学造型的辩证使用及创新，包括"水与土""海与陆""中与外"等点

状设计、流线统筹和界面呈现，力求将文物置于当代文明的审美语境，达成对话模式，彰显海上丝绸之路的深远意义。展览整体设计风格在视觉表现上主次分明、展线铺设逻辑清晰、空间上具有强烈的节奏感。

另外，展览还使用了多件辅助展品。如将现代生丝、熟丝 2 件辅助展品与古代纺织工具、丝绸类文物集中展示，为观众呈现丝绸从最初样态到工艺品的全生命过程。此外，还结合展柜内背板上的庞贝壁画《花神芙罗拉》和萨诺·皮埃特罗的《圣母加冕》，说明中国丝绸在海外的深远影响。

四、宣传推广

在宣传推广方面，"四海通达"展深耕微信、微博和官方网站，并充分利用自媒体的优势，同时通过以抖音、B站、微信视频号为代表的视频类平台，以喜马拉雅为代表的音频类平台以及小红书等资讯分享类平台，扩大展览的受众面，通过各种方式搭建起展览与公众互动的桥梁。在展览期间，"四海通达"展共迎接观众约 10.43 万人次，获新闻报道总计 61 次，其中"学习强国"平台 7 次，《人民日报》《中国文物报》《中国旅游报》等中央媒体 5 次；《广州日报》《澳门日报》等地方媒体 43 次；行业媒体 6 次。通过官网、微博、微信、bilibili、抖音等自媒体平台推送了 86 篇展览相关文章。同时，还精心制作了 2 部"四海通达——海上丝绸之路（中

国段）文物联展"宣传片，讲述了古代海上丝绸之路的生动故事，为公众了解展览提供了立体生动的影像资料；组织了7场针对不同年龄段人群的"南越工坊"教育活动（图11、12）；印刷发行了4种展览宣传资料，包括面向青少年群体的教育手册（图13），面向成年观众的宣传折页（图14），面向热心观众的展览手册（图15），面向专业人士的展览图录，最大程度上覆盖不同的观众群体。

此外，"四海通达"VR虚拟展览也尝试结合技术与艺术。它不但将线下展览的设计通过720°3D扫描的方式搬到线上，而且通过交互界面设计、指示牌、游览图设计、智能寻径、艺术品展

图11　2021年10月17日，南越工坊手工活动《船的故事》

图12　2021年12月19日，南越工坊手工活动《一叶一菩提》

图13　面向青少年群体的教育手册

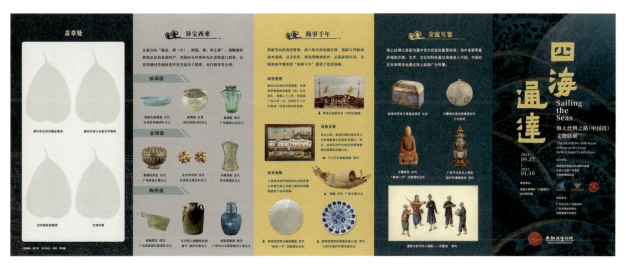

图 14　面向成年观众的宣传折页

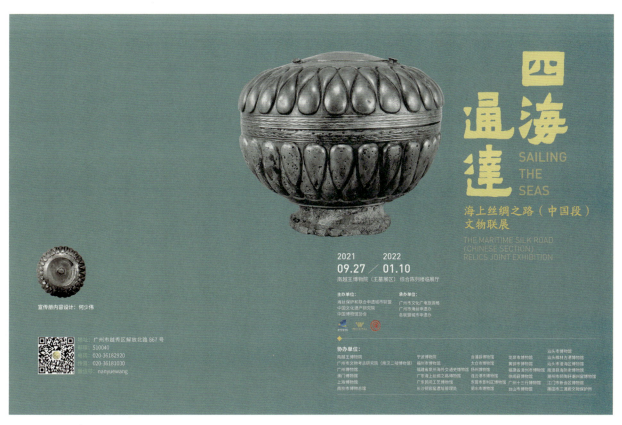

图 15　面向热心观众的展览手册

示控制设计（如旋转、放大、拉近拉远等）、行走设计等增强了界面的交互性。此外，还基于网络的信息交流设计制作了聊天互动，不但为艺术品爱好者提供了交流的平台，而且能够获取关于博物馆展览方面的反馈意见。

五、学术研究

　　研究是展览的基础，展览反过来又促进新的研究成果的出现。这是展览可持续发展并实现社会效益的有效方式。"四海通达"展深植于研究成果之中，比如展出了不少近年新出土的考古材料，纳入了越窑、金银器等最新研究以及海丰镇遗址等最新考古发现及科技考古成果，吸收了学术界关于"交流活跃区"等海丝研究的新理念。此外，2021 年 9 月 27 至 28 日，由海丝联合申遗办、中国文化遗产研究院、广州市文化广电旅游局联合主办，广州市文物考古研究院、海上丝绸之路（广州）文化遗产保护管理研究中心、南越王博物院承办的"海上丝绸之路：港口、航线与贸易"学术研讨会在广州举行。20 位与会专家围绕港口与航线、瓷器贸易、沉船研究、海丝遗产保护与申遗等主题进行发言，深化了对"海丝"相关问题的认识。

六、展望

　　"四海通达"展为历年来参展城市较多、文物

覆盖范围较广、展出文物较精、展品类型较为丰富的海丝主题联展。展览采用线上线下全媒体宣传，重点文物三维模型、VR 虚拟展厅等多种数字化展示手段与现场参观体验相结合，宏大叙事与微观叙事相互穿插，拓展了受众面。通过线上调查问卷、现场留言、专业调查等方式分析观众反馈，超过 97% 的观众对展览整体满意，并有超过 96% 的观众表示愿意将展览推荐给亲友。可以说，该展览达到了预期的目标。

　　海上丝绸之路是经济贸易之路、技术传播之路、文化交流之路、和平友谊之路，积淀了以和平合作、开放包容、互学互鉴、互利共赢为核心的丝路精神。对于中国古代海上丝绸之路的研究、展示与阐释是无止境的。截至 2024 年，南越王博物院已经主办过多个"海上丝绸之路"相关主题展览，较具代表性的有"广州：扬帆通海两千年"（2017 年）、"从广州出发——南海 I 号与海上丝绸之路"（2023 年），一些展览还巡展至国内外多个博物馆及文化场所，如塞浦路斯塔拉萨市博物馆、香港文物探知馆、红河州博物馆、沈阳新乐遗址博物馆等。2023 年，基于"四海通达"展制作的图片展赴马来西亚马六甲郑和文化馆展出（图 16），扩大了中国海上丝绸之路文化遗产在东南亚地区的影响力。

　　新的展示方式和好的"叙事"将为此类展览赢得更多的观众。新的研究成果会不断促使新的"海丝"主题展的出现。未来，"海丝"主题展将会在更高的平台上实现更大的突破。南越王博物院作为

图 16　2023 年 10 月 19 日，"四海通达——海上丝绸之路（中国段）图片展"在马六甲展出照片

广州秦汉时期海上丝绸之路开拓期的典型遗址、文物保护、研究、展示、阐释机构，将继续推出高质量、有热度、有温度的"海丝"主题展。

南越王博物院供稿

丰富多彩、独具特色的岭南优秀传统工艺

——《岭南民间百艺》常设陈列

　　岭南民间工艺是中国传统工艺美术的重要组成部分，也是中华民族优秀的非物质文化遗产。岭南民间工艺精品作为我馆馆藏重点，也是基本陈列的重要内容。为了提升观众参观体验，加深公众对岭南民间工艺的认识和了解，树立民族自信，充分发挥好博物馆这所"大学校"作用，我馆决定对常设陈列《岭南民间百艺》进行重要调整，利用增加展品、丰富展陈手段等措施，启发公众体会传承历史文脉、坚定文化自信的非凡意义。

　　经过调整后，展览的形式和手段丰富多样。展览一方面基于我馆常年积累的岭南民间工艺相关学术研究成果，全方位呈现相关历史、艺术、文化、非物质文化遗产传承等信息，知识量大。另一方面文字说明有机结合实物展示、数字化展示与现场民间工艺展演，可观性强。展览设计上，我馆馆址陈

家祠是全国重点文物保护单位，展览设置在陈家祠主要厅堂内，在艺术表现上充分考虑文物保护的要求和需要，展板材质、造型及色彩方面力求与古建筑和谐协调。在保障古建筑和文物安全的基础上，进一步优化观众参观体验。

　　围绕、配合展览的策划与推出，我馆采用传统＋现代、线上与线下相结合等方式，对展览中的民间工艺进行宣传，共在11家媒体与平台进行宣传报道17篇。其中包括《南方日报》《中国文化报》等多家传统媒体及相关融媒体平台，并充分利用我馆微信、微博等自媒体平台进行推广。举办线下图片巡展的同时，注重开拓虚拟全景导览、线上小课堂等新媒体、新平台宣传。

　　展览配套教育活动形式丰富多彩，线上和线下相结合，包括走进校园线下图片展览、手工小作坊、

暑期研学、线上问答等兼具趣味性和知识性的活动，其中特别注意面向青少年群体。2022年共举办活动24种44场，其中线下参与人数27115人次，线上参与人数10882人次。线上线下参与人数合计41169人次，未成年参与人数27929人次，占比达到67.8%。我馆配套开发产品共21种，大部分定价以平价为主，适合以青少年为主体的年轻消费群体；还有定位高端的珍品系列，适合艺术爱好者和收藏家这类消费群体。

2022年《岭南民间百艺》共接待游客30.9万人次，根据观众满意度调查结果，观众对各展览要素的评价都非常高，非常满意及满意的总比例在90%以上，说明该展览的各方面发展均衡，没有明显短板。全年共接待讲解5163次，接待观众人数27830人次，展览总体社会反响良好。

展览的特色和亮点具体表现在以下几个方面：

一、独具特色的岭南优秀传统工艺

展览选题力图全面呈现岭南优秀传统工艺的多样性、独特性和传承性。中华优秀传统文化凝聚了各民族、各地区共同的思想理念、传统美德和人文精神，同时又具有文化的多样性。岭南传统工艺和非物质文化遗产是中华优秀传统文化的一部分，同样独具地方特色，历史悠长，多姿多彩，是中国传统工艺美术和非物质文化遗产的重要组成部分。我馆作为收藏、研究和展览广东地区为主兼及全国其他地区民间工艺的艺术类博物馆，利用门类丰富且时间序列完整的岭南工艺特色馆藏，策划《岭南民间百艺》常设陈列，是最为全面地呈现岭南工艺多样性、地方独特性和传承性的展览。展览将这些工艺置于岭南独有的社会、经济与文化语境中呈现，既突出其浓郁的民俗色彩，又突出明清以来工艺产品畅销海内外的历史特点；既对比珠三角地区、潮汕地区等多个工艺产区的多样性，又勾勒每类工艺的发展脉络，讲述岭南百艺自古至今不断传承、创新的故事，从而达到大力弘扬岭南地区优秀传统文化和促进非遗保护传承的传播目的。

展览共分四个单元：第一单元展示岭南地区的木雕、贝雕、玳瑁雕、榄雕、玉雕、嵌瓷、泥塑、油灰塑、香稿塑、贝缀、漆器、银器、珐琅、端砚等门类。第二单元轮换展示广绣与潮绣，并展示广州象牙雕刻。第三单元是珍品荟萃，展示广州木雕、潮州木雕、潮汕石雕中的巨型精品，特别是"广州木雕·龙纹大神亭""潮州金漆木雕·神龛"及不定期轮换展示的"广州木雕·番禺神楼"等国家一级文物，以及广彩、石湾陶、枫溪瓷、坭兴陶等著名陶瓷工艺门类。第四单元是民间工艺展演厅，定期邀请不同类别的工艺师或非遗传承人来馆作现场展演。

展览内容一方面展示浓厚的岭南地方特色：工艺材质如广州榄雕、端砚等，均取自当地，独一无二；装饰题材如虾蟹、潮剧人物故事等，展现岭南自然和人文风光；使用功能如祭祀、神诞活动所用的神龛、神亭等，反映岭南的社会历史和民俗文化。

另一方面，展品主题既有饱含美好寓意的传统题材，如"郭子仪拜寿""百鸟朝凰"等；又有反映社会主义新生活的时代题材，如"志在农村""蔗糖丰收"等，处处蕴含了自古至今岭南地区人民对美好生活的向往。

展品选择上多样性与代表性兼顾。多样性表现在：从产地来看，展品源自珠三角、潮汕等岭南各个主要传统工艺产区；从题材来看，既有历史故事、神话传说、戏曲故事、花鸟鱼虫等传统经典题材，又有全面反映社会主义建设与生活的时代题材；从技艺看，多方面展现岭南地区精湛高超、风格独到的雕、塑、绣等立体与平面的传统工艺。

代表性表现在：展品所代表的传统技艺大多列入了国家或省级非物质文化遗产名录，还有多种稀见的、广东特有的传统工艺。展品既有"广州木雕·龙纹大神亭""潮州金漆木雕·神亭""潮州金漆木雕·神龛""广州木雕·番禺神楼"等国家一级文物及珍宝巨作，代表了岭南地区传统工艺发展的高峰和成就，还有大量各个工艺门类中的名师作品及"香稿塑·《木兰从军》"等如今已无人能制作的稀见珍品。

展览的形式和手段丰富多样。由于馆藏岭南传统工艺有多个类别是非物质文化遗产传统技艺的载体，为此我馆多年来积极承担着非遗保护、研究、展示、传承的重任。在此展览中，我们专门辟出一个"民间工艺展演厅"，请工艺大师和非遗传承人驻场展演，将实物展示与工艺展演有机结合，也将

非遗活态传承与创新性发展紧密相连。此外，展览还充分运用文献、图片、辅助展品、数字化展示手段，以期向观众全面呈现岭南民间工艺，使得观众能够透过展品了解岭南优秀传统文化的历史文化脉络，同时直观感受如今它们作为非遗的传承状态。展览还特别注重配套的青少年教育活动，打造了"传统工艺进校园"品牌项目，有力促进传统工艺和非遗项目融入当代青少年的学习和生活之中。

除了线下展览之外，本展览特意搭建网上虚拟展览，利用360度全景及虚拟现实互动技术，结合移动互联网等新一代通信技术，建设一个遵循实体展馆展陈标准、符合本次展览展陈理念的数字化展览。设计特点为：一、虚实结合，线上线下充分互联互通，实现广东民间工艺博物馆精品展览多平台（Windows、iOS、Android）展示；二、结合语音、图文等多媒体手段进行介绍，让观众足不出户即可360度在线观展，最大限度地达到宣传与知识传递之目的；三、界面设计以整洁、优美为原则，操作简便。

二、展览设计与古建筑协调，有机融入非遗活态传承

在展览的总体设计思路上，我馆馆址陈家祠是全国重点文物保护单位，展览设置在陈家祠主要厅堂内，在艺术表现上充分考虑文物保护的要求和需要，展板材质、造型及色彩方面力求与古

建筑和谐协调；形式设计风格整体简约明快，以烘托展品繁茂精美的特点，局部根据展厅和展品特点因地制宜。空间规划方面，展厅位于古建筑内，受限于建筑本身的空间大小及古建筑保护要求，设置了四个展厅。考虑到观展连续性，第一单元至第三单元主要展示岭南民间工艺精品，将展厅集中布置在相邻的中东、中东厢、聚贤堂三个展厅。其中聚贤堂因空间最为开阔，用于放置"广州木雕·番禺神楼""广州木雕·龙纹大神亭""潮州金漆木雕·神亭"等大型展品。第四单元为互动性和观赏性较强的民间工艺演示，则放在公众阅览室和小作坊旁边的后西厅，方便观众后续查阅资料或参与小作坊活动。

展览在辅助展品制作上，结合作为非物质文化遗产的工艺的活化利用与传承保护，以工艺的工具、工序、原材料、工艺品使用场景等多种多样的辅助形式，让观众更为直观、深入地了解工艺的制作过程及使用功能。工具方面有：象牙雕刻用镟床、象牙雕刻工作桌及工具。使用场景有作为钉金绣吉祥如意纹桌围辅助展品的供桌场景一套。工序方面，特别通过委托当代非遗传承人和工艺大师制作潮州金漆木雕工序、木雕虾蟹笼工序、香稿塑工序及潮绣龙头工序等，种类之齐全近年少见。既向观众深度呈现了展品的"幕后"制作流程，亦有机融入了非遗的活态传承。

三、展览推广注重传承保护与活化利用

展览的宣传计划以传承保护与活化利用文物与非物质文化遗产为总目标，纵向延伸及横向拓展展览的内涵，挖掘更广范围、更多层次、更多样的受众，并特别注重青少年群体的推广与教育，我馆配合展览，致力于通过媒体宣传、线下活动、线上课程、图片巡展等多维度进行持续的宣传推广；同时注重开拓新媒体、新平台的宣传，针对年轻群体的受众，开展线上活动与推广。

为配合展览，我馆于节假日及暑假举办了一系列与岭南民间传统工艺有关的体验营、研学等活动。借助重大节日活动宣传效应，利用新闻媒体的专业平台，采用传统＋现代、线上与线下相结合等方式，对展览中的民间工艺进行宣传。共在 11 家媒体与平台进行宣传推广，宣传报道数量 17 篇。其中包括《南方日报》、《中国文化报》、《羊城晚报》、《广州日报》、《信息时报》、广州电视台、珠江台等多家传统媒体与相关融媒体平台，并充分利用我馆微信、微博等自媒体平台进行推广。

展览的教育活动有以下特色：一是特别注重配套的青少年教育活动。青少年是祖国的未来，中华民族优秀文化的继承者。为了教育和引导青少年更好认识和认同岭南民间工艺这些宝贵的非物质文化遗产，我馆创新馆校合作方式，积极打造了"传统工艺进校园"品牌项目，并开展剪纸、广绣、玉雕

等制作体验活动，以及"研百年古祠、学岭南文化"暑期研学活动，有力促进传统工艺和非遗项目融入当代青少年的学习和生活之中。

二是活动形式丰富多彩，线上和线下相结合，包括走进校园线下图片展览、手工小作坊、暑期研学、线上问答等多种兼具趣味性和知识性的活动。其中"研百年古祠、学岭南文化"暑期研学活动，开展了《广绣》《广彩》《灰塑》《剪纸》等四大主题的亲子研学活动。利用我馆提供的研学资源，自主在馆内进行研学、探索，完成研学手册等研学任务将获得我馆颁发的研学证书。此外，还配合活动印刷制作了面向青少年群体的教育活动手册，以活泼生动的形式进一步传播、拓展相关知识。

三是各种活动广受欢迎，特别在面向青少年的宣传教育中取得良好成效和热烈反响。在2022年1月至2022年12月间，共举办线上、线下平台的教育活动（系列）24种51场，其中线上活动7种，参与人数10882人次，线下活动17种44场，参与人数30287人次，线上线下参与人数合计41169人次，未成年参与人数27929人次，占比达到67.8%。

为配合展览开发文化产品，我馆精心选取了具有代表性的岭南民间工艺门类，结合非遗的当代传承人创作，进行文创开发。为吸引以青少年为主的年轻消费群体，产品类型涵盖日用品、配饰等多种常用的物品，设计注重保留原工艺纹饰元素的外形与工艺技法特点。同时，我馆针对艺术爱好者和工艺品收藏家的受众，以高端礼品为定位，推出了珍品系列。共开发21种产品，大部分定价以平价为主，适合以青少年为主体的年轻消费群体；还有定位高端的珍品系列，适合艺术爱好者和收藏家这类消费群体。2022年1月至2022年12月文化产品销售量781件，销售额5.68万元（图1～14）。

广东民间工艺博物馆供稿

图1　第一展厅

图2　第一展厅

图3　第二展厅

图 4　第三展厅

图 5　2022 年端午节巧手绣香囊线上活动视频封面

图 6　2022 年五一佛山衬色剪纸制作体验活动海报

图 7 2022 年暑期研学活动（课堂形式广彩）

图 8 2022 年暑期研学活动（课堂形式灰塑）

"修"文物，眼力大比拼

做一个"文物修复师"，得对文物有细致入微的观察。以下图片展示的都是广东民间工艺博物馆的珍贵藏品，请你选择正确的选项，将文物"复原"，比比谁的眼力快又准，拥有做一名修复师的潜力。

答题攻略：题目原图在推文视频里能找到哦！（图片均可放大）

* 1. "海门桥闸"墨鱼骨雕

图9　"喜迎二十大，祝福献祖国"国庆线上活动——赏精品"修"文物，眼力大比拼

图10　"喜迎二十大，祝福献祖国"广彩体验活动

图11　2022年元宵节线上赏花灯猜灯谜活动答题奖品手工生肖灯笼

图12　2022年中秋灯笼制作活动

图 13　父亲节象牙果吊坠雕刻活动

图 14　2022 年七一党员专场广彩工艺体验活动参与者绘制广彩

GUANGZHOU MUSEUM

"读懂广州"系列文物展：百件文物读广州

历史文化是城市的灵魂，是连接传统与现代、增强文化自信、推动高质量发展的源头活水。为宣传、弘扬广州历史文化，用文物讲好中国故事、广州故事，以主题鲜明、意义重大的文物展览迎接党的二十大胜利召开，在广州市文广旅局指导下，广州博物馆策划、举办"'读懂广州'系列文物展：百件文物读广州"。该展于 2022 年 9 月 27 日至 2023 年 2 月 5 日在广州博物馆专题展厅展出，并入选广东省 2022 年度"弘扬中华优秀传统文化、培育社会主义核心价值观"主题展览推介项目。

一、选题立意显使命担当

2021 年 12 月在广州召开了第六届"读懂中国"重大国际会议，广州市委、市政府发起"读懂广州"的宣传倡导及举措。文化强市的建设，是广州延续城市文脉、实现高质量发展的重要支撑。中国共产党广州市第十二次代表大会上提出"文化是城市的根和魂。我们要增强文化自觉、坚定文化自信，以文弘业、以文培元，以文立心、以文铸魂，让广州这座历史文化名城呈现百花齐放、生机勃勃的繁荣景象"[1]。

2022 年《国际博物馆协会章程》规定："博物馆是为社会服务的非营利性常设机构，它研究、收藏、保护、阐释和展示物质与非物质遗产。向公众开放，具有可及性和包容性，博物馆促进多样性和可持续性。博物馆以符合道德且专业的方式进行运

1. 人民资讯：《读懂广州，向世界讲好广州故事》，https://baijiahao.baidu.com/s?id=1720342750443201888&wfr=spider&for=pc，2021 年 12 月 28 日。

营和交流，并在社区的参与下，为教育、欣赏、深思和知识共享提供多种体验。"这就要求作为城市特有文化标识的综合性博物馆承担起"教育、欣赏、深思和知识共享"的社会服务责任，筹备临时陈列展览的选题时应当与本馆的性质与任务相适应，凸显独一无二的社会定位和本馆特色，展示展览的地域性、专业性和使命性，并向观众传达文化使命和人文关怀，以取得预期的社会效益与经济效益。"作为一种常见的现代媒介形式，博物馆展览在构成博物馆媒介功能主体的同时，一直也承担着重要的公共传播职能，而其中的历史展览类型更在现代国家推动国民教育和身份认知建构的进程中扮演了无可替代的角色。"[2]

广州博物馆是保藏广州历史文化遗存最多的博物馆之一，是广州 2200 多年建城史、文化史、发展史的见证场所，承载着岭南文化的血脉和基因，能为"读懂广州"提供重要的实物证据和逻辑依据。作为城市博物馆，广州博物馆肩负着讲述、传播广州城市历史文化的职责和使命。为此，策展团队精选馆藏百件代表性文物举办"读懂广州"首展。

在展览筹备之初，策展团队面临厘清"读懂广州"与"广州历史基本陈列"两大选题之间的共性和差异性的难题。广州博物馆在讲述广州城市历史上拥有着丰富的经验，讲述通史的广州历史基本陈

列已由 2007 年开始对外开放的《广州历史陈列》升级更新为 2018 年的《城标·城史——广州历史陈列》。"读懂广州"在选题和陈列思路上如何与"广州历史基本陈列"区分开来，在"广州历史基本陈列"系统性、完整性、科学性的基础上，更具有辨识度、创新性与趣味性？这是摆在策展团队面前的首要难题。为此，策展团队先后召开两次专家会议，在专家的指导与帮助下，改变传统的通史讲述方式，提炼出"百件文物读广州"的策展理念。由展览名"百件文物读广州"，我们可以直观理解展览的初衷——通过 100 件精挑细选的代表性文物，"让文物说话""讲好中国故事""讲好广州故事"，展现广州的城市历史、城市性格、城市魅力，在以往城市史研究与展示的基础上，重点强化展览对广州历史文化的讲述深度，进而增强文化自信的高度。

二、提纲挈领展四大文化

围绕展览主题与策展思路，提纲几易其稿，最终形成诠释广州红色文化、岭南文化、海丝文化、创新文化四大文化品牌的精神内涵为核心的主旨，通过提纲挈领的方式，将 2200 多年的广州历史浓缩归纳，借由百件文物，辅以图文史料加以讲述。展览分"多元融合的岭南文化""开放互鉴的海丝文化""奋进开拓的创新文化""赓续相传的红色文化"四个部分，从四个部分标题来看，展览描述的主语在于"文化"，高度提炼的定语概括总结了

---

2. 刘宏宇：《呈现的真相和传达的策略 博物馆历史展览中的符号传播和媒介应用》，人民日报出版社，2016年第 1 页。

各部分"文化"的精髓，亦是各部分讲述的重点和切入角度。每一座城市都有着独特的历史脉络和文化传统。如同人一样，具有自己的文化基因、精神和理想，构成了城市的"灵魂"。"读懂广州"不仅要把广州的历史、地理、人口、城建、经济、文化、教育作为自己的研究对象，更要站得高、看得远，要从整体上看问题，科学地、理性地、全面地、系统地观察广州、读懂广州，从古至今，从局部到整体，从外表到内质，找出它们的联系与内核，揭示它们之间相互作用的规律，把握广州的发展脉络，透析构建广州城市的精神和物质的各种元素[3]。

在展览内容构建上，因各部分"文化"特质不同，在以物见史的结构基础上，各部分具体展开方法有所差异但又具有一定共性。第一部分：多元融合的岭南文化，主要讲述秦平岭南，修筑番禺城，开启广州的建城历史。2200多年来，城市中心始终保持不变并逐步形成生机勃勃、充满活力的岭南文化；第二部分：开放互鉴的海丝文化，展示广州本土发现的海路贸易相关文物、遗存，带领观众了解广州在海上丝绸之路的地位和作用，感受广州开放、包容、和平、互鉴的海丝文化特质；第三部分：奋进开拓的创新文化，以清代广州工艺为例，重点展现广作匠人如何继承传统、融会中外，创百艺新风，不断生产出兼具广州特色和领先技艺的广作精品；第四部分：赓续相传的红色文化，以文物串联起近

代以来广州人民在中国共产党的带领下，经过英勇斗争，最终迎来新生，深刻诠释了广州这座英雄城市深厚的红色文化基因。第一部分中展出体现"越秀山""镇海楼""药洲"等具有浓厚广州特色元素的重量级文物，越秀山是广州市综合性公园，是全国文明的广州 AAAA 级旅游景区；镇海楼是国家一级博物馆广州博物馆馆址所在；药洲遗址是广东省重点文物保护单位，明代"羊城八景"之一。通过营造"今人不见古时月，今月曾经照古人"的意境，古今交融贯通，使观众读懂历史文化遗存的延展性，读懂国家历史文化名城的意蕴，读懂岭南文化的内涵，读懂广州。第三部分是本展览的重点和亮点之一，18—19 世纪是广东工艺美术的黄金时代，在此次展览中引入"奋进开拓的创新文化"的理念，从"创新精神"的角度讲述广作历史，达到虽屡讲广作、但次次创新的效果。从广绣、广雕、广州制扇、漆器、石湾陶、广州织金彩瓷、广钟、外销银器、外销画等多质地、多技艺、多角度讲述广作的源流、特征、创新。在具体阐述角度，更是进行多质地横向延伸，如广州制扇展出清乾隆象牙劈丝花卉徽章纹折扇、清乾隆玳瑁劈丝开光山水花卉徽章纹折扇、清混合骨庭院人物图样板扇、清黑漆描金徽章纹团扇，通过 4 把材质、制作技艺不同的扇子体现 18—19 世纪广州外销扇风靡欧美，材质多样，色彩艳丽，纹饰华美，兼具中西艺术风格的特点。其他种类工艺品的讲述亦采用此种描述方法，在给观众美的体验、视觉享受的同时，可以使观众直观了解为何此

---

3. 邱捷、黄昕《广州学引论》，广州出版社，2014 年，第 12 页。

时期被称作"黄金时代",了解广州工匠"创新精神"的深度和广度。

三、以物载史求见物见人

策展团队遵循以"文物说话""见物见人"的策展原则,充分利用广州博物馆馆藏文物资源,从馆藏13.5万件文物中精选与广州历史文化直接相关的100件/套重要文物,其中一级文物14件,珍贵文物共43件,从时代特征、地域特色、工艺美术、重大事件、历史价值等不同角度去反映展览主题及四部分内容要点。展品历史年代跨度从秦汉至1949年,材质覆盖陶瓷器、金属器、丝织品、纸质等各类材质,辅以碑刻拓片、文献档案资料、历史照片等辅助展品,着力挖掘文物背后丰富的历史信息,突出"人"的活动轨迹、思想影响及创造力。围绕"易读"为中心,文字说明阐释每一件文物所蕴含的历史价值和独特的地域文化,为展览提供延伸开放的知识背景,从而达到"读懂"的体验,力求突破传统的广州历史策展视野,从中国历史乃至世界历史的角度讲好广州故事。

在藏品选择上遵循本土化原则,所选藏品是所在历史时间段广州或所知"历史、文化体系"的产物。藏品的主要属性体现为对四大文化品牌的指代,而其本身的自我信息意义——功能结构、物质构成,则退居次要位置,使得即使是碎片化的展品之间也存在相关信息联结,形成具有内在逻辑关系的组合。

如两千多年前秦平岭南的重要历史物证秦"十四年属邦"铭文铜戈、"蕃禺"地名见于考古实物的最早例证"蕃禺"漆盒盖、最早出现"广州"二字的实物"永嘉"铭文砖这三件藏品通过"广州建城史"这一逻辑关系,被联结在一起,除去藏品原本的使用属性,从而成为城建史的重要物证。

藏品选择上还遵循"示新"的原则。此次展览不仅有"清陈恭尹《镇海楼赋》""清陈璞纸本'观音山'图横幅轴""清苏六朋药洲品石图卷轴"等传世类藏品的首次展出;也有广州博物馆近年新征集文物的首次亮相,如清银鎏金累丝烧蓝山水纹嵌玻璃内胆香水瓶、清银鎏金累丝捧花棒等体现广州创新精神以及工艺精湛的银制品;陈献章旧藏的寒涛琴历时两年修复后首次与公众见面……展览中首次亮相的精品文物不胜枚举(图1、2)。

四、小景大史含设计巧思

800平方米的展厅、2200多年的建城史、100件藏品、四大文化品牌,这些要素都对展览设计制作提出了新的挑战——如何在增强展览可视性效果、保障藏品安全的前提下使观众"易读"且"读懂"广州。

在展览总体形式设计上,展陈设计围绕广州历史特色,紧扣"读懂广州"的策展主题,总体风格以流金岁月展现广州历史发展长河,提取重点文物、历史图片为创作元素,重点突出文物的历史价值和

图1 "蕃禺"漆盒盖和《镇海楼赋》

图2 寒涛琴

地域文化特色，辅助运用多媒体技术手段，展现城市发展的历史画卷（图3、4）。展陈空间规划布局科学，巧妙利用三个相对独立的空间合理承载四部分内容，在不破坏原空间格局的基础上，适当拓展展陈面积，注重场景营造，缔造出流畅且注重逻辑性、故事性的参观流线。设计灵活运用金色、灰黑色、

图3 展览海报

图4 序厅实景

红色三种主色调，体现展陈内容过渡和叙事节奏起伏，使观众能在适度营造的环境氛围中了解广州城市历史发展脉络和人文精神。

在展板、辅助展品设计上，突出意境、文化、历史相融合。意境是中国古典美学的重要范畴，展览中构建多种意境场景，将具体的藏品与抽象的"文化"之间有机地衔接起来，达到"情景交融""境生于象外""言有尽而意无穷"的效果。具体到展览展示来说，实际上就是超越具体的有形藏品，提炼共同历史文化底蕴，从而形成共同的融入感，使普通观众在展柜外也能感受文化魅力，建立起观众与文物、与历史之间在感情、认知等方面的共鸣，具体到本次展览而言，即简单"读懂广州"四字，进而形成文化自信。展览营造了"诗词中的广州""十三行、粤海关实景""广州的榕树下""血染木棉花正红"，这些都是文化与意境的互映，是集体记忆中的广州。

没有比"诗词中的广州"（图5、6）更能体现岭南文化特性的了。在2200多年广州发展史中，广州是苏轼口中"试问岭南应不好？却道：此心安处是吾乡"；是孙蕡《广州歌》中"广南富庶天下闻，四时风气长如春"；更是赵汸笔下"翡翠文犀随处有，明珠琥珀不论钱"的羊城。传世吟诵的诗词勾起观众对广州历史和文化的共同记忆，引起共鸣。广州是英雄城市，木棉与广州相得益彰，木棉英雄花的印记深深烙印在岭南人心里。抗清志士陈恭尹曾写下《木棉花歌》，夸赞木棉"粤江二月三日来，千树万树朱华开……浓须大面好英雄，壮气高冠何落落……"辅助展品"血染木棉花正红"（图7）正是对革命英雄的一腔热血和铮铮铁骨的赞颂。"广州的榕树下"小场景（图8）设置同样亦是营造广式意境，为观众提供沉浸式观展体验。

图5　以"诗词中的广州"为主题的辅助背景设计

图 6 　"诗词中的广州"实景

图 7 　"血染木棉花正红"实景

图8 "广州的榕树下"实景

图9 清银鎏金累丝捧花棒及展示架

在展示方式方法上，在文物安全前提下，依据提纲侧重、展品轻重，确定展示手法、展出亮点和重点。如，针对具体文物制作具体展架，为清银鎏金累丝捧花棒制作的手形展示架，不仅能安全承托展品，更能使观众一眼"读懂"捧花棒的使用方法（图9）；为"镇海楼赋"等三件信息载量高的字画藏品进行了高精度数字化、仿制及视频制作与展示，解决字画类文物展出不全的问题，为"读懂"进行数字化扩展。

五、立体宣传搭"读城"窗口

围绕展览内容，通过打造游学参观互动平台、推出立体、多元、线下线上相融合的宣传教育活动，掀起"读城"热潮，激发民众深入"读懂"广州，让世界"读懂"中国。展览媒体相关报道64篇，其中主流媒体报道23篇，5篇稿件登上"学习强国"平台，7篇稿件登上"红棉璀璨"微信公众号，线上、线下活动总参与人数达8534314人次。

（一）以网络为媒，打造便捷观展互动新平台。推出10集系列文物视频："何以广州——从文物读懂广州"。通过镜头展示文物细节，讲述广州"四地"文化的灿烂历史和两千余年的羊城故事，视频阅读量超过12.3万人次；采用四维看展技术及当下流行的直播宣传方式，推出4场导赏直播，活动点击量近2.68万人次；创新推出情景广播剧"文物会说话"，甄选代表展品，推出31集情景广播剧，点击收听量超11.8万人次。

（二）搭建流动文化空间、展览走进地铁公交。与广州地铁集团合作，选取广州地铁1号线专列，打造360度全覆盖的地铁文博主题专列"读懂广州"（图10、11），一个月内有757万人次搭乘观展；同步携手广州公交集团，利用一汽巴士的部分线路制作流动展板和车身涂装，累计超过3.3万人次乘坐专列巴士（图12）。通过地铁文博专列和巴士展览车厢为市民游客营造便捷的"读懂广州"流动展示空间，让市民一车览尽羊城千年。

图10 "读懂广州"地铁专列车厢

图 11 "读懂广州"地铁专列车厢

图 12 "读懂广州"专列巴士

（三）携手领航媒体广州日报，提升展览影响力。拍摄制作 Vlog、组织文创作品征集大赛，通过"纸媒专版＋新媒体＋视频制作＋活动推广"的全媒体矩阵，分别在广州日报报纸版面、广州日报客户端等平台进行前期预热和后期传播，4 期 Vlog 累计点击量超过 40 万，大大提升展览影响力和市民的认可度。

展览还开发两款文创产品。"乐游广州府"文创丝巾（图 13）以馆藏清代木雕"珠江江城风情图"封檐板为原型。与广州老牌商场中华广场联动设立分展场，选取展出文物为元素，设计开发凤鸟蛙纹金饰片书签（图 14、15）。

图 13 "乐游广州府"文创丝巾

图 14 凤鸟蛙纹金饰片书签

图 15 中华广场分展场

六、小结与思考

　　本次展览是广州博物馆策划举办"读懂广州"系列文物展的首展。该系列展览的推出，旨在更好地践行广州博物馆所担负的讲述、传播城市历史文化的职责和使命。广州博物馆多年来收藏和征集的藏品是广州贯穿古今，融汇东西的见证，是广州在文化上最有特色、最具竞争力的内容，是广州文化自信的基因，是讲好广州故事的基石。充分挖掘它们的历史、艺术、人文价值，让它们"活"起来，走近大众，是我们职责所在。

　　本展览以文物为珠（以物叙事）、时间为线（以事见史），串起千年城史。以丰富的文物个体作为叙事的载体，令广州故事更有"生命力"和"说服力"。让观众领略广州这座城市的文化特质和人文精神，共同推动中华优秀传统文化的创造性转化、创新性发展，以更加坚定的文化自信延续广州历史文脉，推动广州城市文化综合实力出新出彩。今后我们将继续奋斗、积极创新，致力于更好体现城市脉动、展示城市魅力，成为更多民众了解广州、爱上广州的文化窗口。

广州博物馆供稿

广州海事博物馆
GUANGZHOU MARITIME MUSEUM

七海扬帆——唐宋时期的广州与海上丝绸之路

"七海扬帆——唐宋时期的广州与海上丝绸之路"是广州海事博物馆的基本陈列、开馆展览。博物馆位于全国重点文物保护单位南海神庙东南侧，是由市发展改革委立项，广州市与黄埔区共同出资建设，产权、管理权归属黄埔区。博物馆于2021年7月1日正式对外开放，建筑面积1万平方米，展厅面积2650平方米，其中，"七海扬帆"展览位于二楼，面积1100平方米。

一、展览选题

展览选择"唐宋时期"的原因主要有：首先，历史原因。有学者指出，唐宋与明清是广州海上丝绸之路的"两个时代"。从史实上看，唐宋大部分历史时期，广州都是国内第一大港，中外以广州为枢纽开展海外贸易、和平交往、文化交流等活动，因此有着丰富的历史风貌。

其次，特色原因。为塑造自身特色，基本陈列曾进行过重大调整。一是2013年筹建初期，基本陈列依"通史"思路，按先秦以至于当代的大历史时期次第推进。然该思路所呈现的内容过于庞杂、与他馆展览雷同等问题较为突出。二是已举办的明清时期广州"海丝"主题优质展览已较多，唐宋主题展览则相对少得多，易于形成自身特色。

其三，藏品原因。至2017上半年，已陆续征集到唐宋各类文物数百件，后来补充征集达到1000余件。主要类别有瓷器、金银货币、船只构件等，其中瓷器最为丰富，主要有：唐代长沙窑、越窑、邢窑、广东诸窑口瓷器，宋代龙泉窑、建窑、德化窑、闽清义窑、封开窑、广州西村窑等瓷器，其中西村窑完整器达 200 余件，在国内博物馆中，同类藏品中数量当属最多。

　　此外，唐宋时期的中国开放包容、商业繁荣、社会进步，与当今中国社会风貌相近，也是选择该主题的现实考虑。

二、展览内容及展品

　　"七海扬帆"展示了唐宋时期广州与海外交往的历史。"七海"一词源于 10 世纪《黄金草原》等阿拉伯著作对从波斯湾到中国广州航路的描述。展览结构上，依次为序厅、舟行天下、千年商都、瓷路飘香、制度创设、融通世界、尾声，展出各类

文物 509 件 / 套、复（仿）制展品 69 件 / 套、创作类艺术品 34 种（图 1）。

　　序厅。主要有三组内容，一是通过半浮雕、投影、动画等模拟唐宋扶胥港码头繁忙景象；二是以漆画形式展示"七海""广州通海夷道"主要路线；三是风帆形展标（图 2）。

　　第一部分舟行天下。造船、航海是海上交往的技术基础，一是造船，重点展示了水密隔仓、碇泊、缝合船只等中阿代表性的造船技术和船型；二是航海，重点展示了地文、天文、航海图、指南针、季风等五种技术。其中，碇石展示方案经长时间的讨论，最后与船史专家一起确定了实物 + 复原物的方式，复原物呈船锚沉水抓地时的姿态（图 3）。

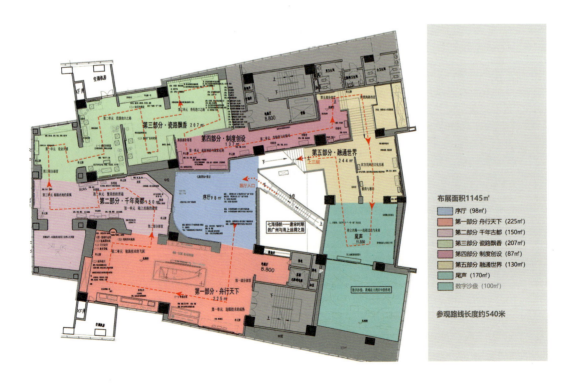

图 1　展厅布局

图 2　序厅

图 3　宋代碇石及其复原展示

表1 "舟行天下"展示内容

分布	主题	代表展品	展示内容
1.1	造船技术的成熟	宋代碇石,"整船拆展""水密隔舱体""海鹘""苏哈尔号"等唐宋代表性船只、技术模型	广东等东南沿海是重要的船木产区和造船中心,风帆、水密隔舱、尾舵、木石锚等技术广泛运用。
1.2	航海技术的飞跃	木刻指南针、指南鱼复原模型,宋代四种指南针装置方法模型	中国航海技术获得巨大进步,地文、天文、航海图、指南针、季风等技术广泛使用。
附	"南海Ⅰ号"	"南海Ⅰ号"出水瓷器一组	唐宋时期代表性海船。

　　第二部分千年商都。思路上,不以城市变迁来体现广州的繁荣,换以三个层次来呈现。一是先描摹唐宋中国经济重心由北向南的转移趋势,历史大势推动广州地位更加凸显,采用陶俑(陆丝)＋铜镜、金器(海丝出口商品)＋琉璃器(进口商品),辅以"从陆丝到海丝"创作画来诠释这种变化。二是再以"扶胥港"作为唐宋广州港口代表,将文献关于宋扶胥镇商税收入的记载与金银铜货币等实物结合。三是后以广州对内地商品的输出,诠释广州对内地的影响(图4、5)。

图4　宋代琉璃碗

图 5　宋代银铤

表 2　千年商都

分布	主题	代表展品	展示内容
2.1	丝路贸易中心的转移	隋骆驼俑、胡人俑，唐铜镜，宋鱼化龙金臂钏、琉璃钵	"安史之乱"后，道路阻隔，陆路贸易渐衰，海路贸易趋于发达，广州商贸地位更加凸显。
2.2	繁荣的扶胥港	唐腰形银铤，南汉"官"字条形铅锭；宋代腰形金铤、金条、京销银锭、牛舌形与圆形银铤，铜、铅铤，铜钱凝结块	唐宋扶胥港是广州的重要外港，扶胥镇是官府的税源重地，广州被誉为"金山珠海，天子南库"之地。
2.3	辐辏内地的都会	古籍数种	广州是国内外贸易中转的枢纽，对内地有着重要影响。

　　第三部分瓷路飘香。一是展示唐宋时期最大宗的进出口商品，即出口瓷器与进口香药，避免该部分过于冗长、芜杂。二是广州是商品集散地，汇聚各地商品，故将展品范围扩大到整个南海航线上（图6、7）。

图 6　唐五代外销瓷器

图 7　北宋广州西村窑青釉褐彩纹盘

表3　瓷路飘香

分布	主题	代表展品	展示内容
3.1	瓷业兴盛	馒头窑、龙窑模型，瓷石、瓷泥、高岭土，匣钵	唐宋瓷器烧制技术的进步。
3.2	瓷器出口之路	唐五代长沙窑、邢窑、越窑、广东诸窑口瓷器，宋龙泉窑、德化窑、吉州窑、建窑、闽清义窑、广州西村窑、雷州窑、潮州笔架山窑、封开窑等窑口瓷器	唐宋时期，瓷器在外销商品中地位崛起。广州作为海上贸易枢纽，带动了广东以及整个东南沿海地区瓷窑的繁盛。
3.3	香药进口之路	龙涎香、乳香、安息香、苏合香、沉香、降真香、檀香等香药，以及香炉等器具	唐宋时期，香药是最大宗的进口商品，形成一条"香药之路"。

　　第四部分制度创设。唐宋广州是制度创新之地，南海神庙国家礼制与市舶是两种代表性制度（图8、9）。

表4　制度创设

分布	主题	代表展品	展示内容
4.1	南海神庙与国家礼制	唐莲花纹瓦当，宋墨书"庙"字器底、印"广州"灰陶砖等南海神庙出土建筑构件	南海神庙是岳镇海渎国家礼制的组成部分，体现了朝廷对于广州的重视和肯定。
4.2	市舶使与市舶司	宋广州知州、市舶使方慎言墓志铭	唐于广州首设市舶使（院），宋于开宝四年（971年）在广州设立第一个市舶司。广州市舶制度与唐宋王朝兴衰、贸易制度变迁相始终。

图8　创作画"方慎言画像"

图9　创作画"五层丝绸"

第五部分融通世界。唐宋时期，佛教与伊斯兰教是中外代表性的文化交流类别。

表5 融通世界

分布	主题	代表展品	展示内容
5.1	佛教海路传法	宋宝箧印经塔、楼阁式佛陀，《大般若波罗蜜多经》《续高僧传》	唐宋时期，沿海路经岭南北上传法的僧人络绎不绝，以广州为始发港前往印度求法的中国僧人亦不绝于旅。
5.2	蕃商与蕃坊	宋青釉军持、西村窑大盘	唐代，广州口岸出现了外国商人居住的"蕃坊"。宋代，大量阿拉伯人、波斯人、印度人以及南海诸国商客居留广州。

尾声。简要讲述"丝绸之路"概念形成与当今中国"一带一路"倡议。

三、展览设计与制作

首先，项目环境。在正式启动开馆陈列展览设计施工项目时，通过积极协调广州市黄埔区各职能部门，争取对本项目采取设计施工一体化，并由区财政投资建设项目管理中心为建设业主，保证设计效果得到落实的同时，使博物馆人员能够将主要精力放到内容创作上，避免在项目进程、各环节事务上耗费过多时间。

其次，设计创新。坚持展线多变、风格突出基本原则，禁止套用既有设计模板。展览中的绘画、图案、多媒体以及氛围性内容等基本为原创，既有图片使用时进行二次加工。一是多媒体20种，包括：扶胥印象、水密隔舱、《海岛算经》之"望海岛"、季风线路、探秘"南海I号"、沉船出水器物、《苏莱曼东游记》里的唐代广州、"陆丝"驿站、繁荣

的扶胥港、"黑石号"之谜、瓷器3D查询、西村窑的由来、香药用途故事、唐天宝十年册封南海神为广利王、佛教传法路线图、蕃坊里的蕃俗等。二是绘画14种，包括：唐宋时期广州—阿拉伯国家航道漆画、欧贝德驾驶"苏哈尔号"前往中国、从陆丝到海丝图、"繁荣的扶胥港"油画、瓷器烧造过程、赵抃熏衣图、蔡京焚香图、五层丝绸图、贾昌龄画像、方慎言画像、杨允恭事迹图、程师孟事迹图、宋代皇帝对市舶使评价图、钱弘俶建宝箧印经塔图等。三是场景6种，包括：沉船、广州运往内地商品、船舱、香药进口码头、飨军堂记、蕃坊等，场景中绘画皆为手绘。上述创作项目，主要通过研读史料、解析内容、打磨细节而成，增强了展览的可读性。

其三，设计元素。突出海洋元素，如木船帆造型展标、"万舸争流"天花艺术线条造型装置、桅杆阵列（1组45根）、船舱空间等。突出本土文化，如南海神庙背景氛围采用当代的"波罗诞"民俗活动场景，与静态展品相映。在色彩使用上，整体上

图 10　部首色彩

多彩、温馨、明亮，打破"黑房子"状态，同时做好颜色管理，避免色彩相冲，造成炫目感。如第一部分采用蓝色，在色度选择、空间使用等方面进行了整体管控，避免冷色调形成的压抑感。又如第三部分内容较多，在唐代外销瓷、宋代外销瓷、西村窑瓷器、香药进口等方面因处于不同空间，故使用了不同色彩（图 10）。

四、展览教育与宣传推广

展览开放后，得到社会各界普遍赞赏。受到 40 余家媒体争相报道，有新华社、《光明日报》、《南方日报》、《羊城晚报》、《广州日报》等纸质媒体和网络媒体。博物馆组建由 8 名专职讲解员和 13 名志愿者讲解员组成的展览讲解队伍，可为公众提供每天 2 场免费定点讲解服务，对各类院校或参观团体实施免费的预约参观讲解服务。

依托展览组织策划多场社会教育活动，开展"海丝文化进校园""海丝文化进社区"文化赋能系列活动，将主题展板与宣讲送进校园、社区、企业，参与者 2 万余人次，进一步扩大海丝文化影响力。以展览为载体编撰中小学入校课程《广州海事博物馆校本课程》，并将课程送进校园，如广州十六中、开发区小学，课堂上学习氛围活跃，深受师生欢迎；设计印制学习纸《我要去远航》，摆放场馆入口处，便于入馆观众取阅，在馆内常态化开展观众互动体验活动，吸引社会公众师生前来参与，深受大众喜爱与好评。

我馆官方网站、微信公众号均推出"七海扬帆"云展厅，运用独家技术，展示唐宋时期广州海上丝绸之路贸易和文化交流的盛况，视觉主题以"中华"为主，为实现中华民族的伟大复兴贡献力量，让观

图 11　宣教活动

众"身临其境云游唐宋"（图 11）。

五、学术研究

学术研究与展览同步而行。其一，展览策划实施过程中，注意吸收最新学术研究成果，鼓励策展人员开展相关文物展品研究、发表学术论文。其二，2021 年 6 月广州海事博物馆开馆、展览开幕时，公开出版了《七海扬帆——唐宋时期的广州与海上丝绸之路》图录。其三，2021 年 10 月 11 日至 13 日，联合广东历史学会、广东省社会科学院海洋史研究中心、中国博协航海博物馆专业委员会等单位，共同举办了"唐宋广州与海上丝绸之路"学术研讨会。来自国家文物局水下考古研究中心、宁夏社科院、四川省社科院、广东省社科院、广东省社科联，北京大学、北京师范大学、浙江大学、山东大学、青海师范大学、西南交通大学、澳门科技大学、中山大学、暨南大学、华南师范大学、广州大学、韩山师范学院、故宫博物院、中国航海博物馆、洛阳博物馆、广东省博物馆、广东省文物考古研究院、广州市文物考古研究院、湛江博物馆、潮州窑博物馆等20余家单位的40余位专家、学者参会，围绕唐宋海上交通贸易、航海与造船、广州与世界市场、海上丝绸之路考古发现、南海神庙、东西方文化交流等议题展开讨论，实现了多学科的跨界交流（图12、13）。

六、小结与思考

"七海扬帆"作为我馆基本陈列和开馆展览，走了一条传统、坚实的道路，在展览筹划、落实和运营过程中，我们的一些努力与思考有：

首先，努力与时代主旋律相融合。文化具有强烈的民族性与时代性。本展览通过对唐宋广州对外贸易和文化交往多层面的展示，将当今中国开放、自信、包容对外交往的博大气象，寻根溯源至千年

图12　图录封面

图 13 学术研讨会

前，诠释"何以中国"，提升"文化自信"。

其次，努力实现对区域文化的构建。一是将区域史置于大历史环境之中，寻找并诠释区域特色，实现对区域史深入、全面的解读；二是通过展览巧妙的结构关系，搭建实物与文献内在逻辑，实现实物对文献不足的弥补作用；三是利用展览直观化、实操性强的特点，通过对重点展项的显著设置，以及空间关系的构建，使代表性内容发挥领航者作用，实现对区域文化统御性把控。

其三，努力与本地经济社会发展相结合。南海神庙的兴建与延续、扶胥港与扶胥镇的繁荣与发展对于本地具有重大意义，不仅推动广州城市地位的提升，还使古代黄埔开始更多地出现在历史视野中。本地政府一直希望充分利用"扶胥古镇""扶胥古运河"等概念，结合南海神庙的历史价值，进行许多商业化的尝试。我们在展览中多处尝试将上述内容与广州"海丝"主题相融合，从而给了相关职能部门很大的信心和启示。

唐宋黄埔位于珠江入海口，是广州距离海洋最近的地方，中外船只于此往来"七海"、进出广州，一派翻墙林立、商贾如织的景象，其史实、盛状、意义将吸引着我们继续探索。

广州海事博物馆供稿